DER GUTE MENSCH VON SEZUAN

METHUEN'S TWENTIETH CENTURY
GERMAN TEXTS

METHUEN'S TWENTIETH CENTURY TEXTS

Bertolt Brecht

DER GUTE MENSCH VON SEZUAN

Edited by
Bruce Thompson, Ph.D.

*Senior Lecturer in German,
University of Stirling*

Methuen Educational Ltd

First published in 1986 by
Methuen & Co. Ltd
11 New Fetter Lane, London EC4P 4EE

Text © 1955 Suhrkamp Verlag, Frankfurt am Main
Introduction and Notes © 1985 Bruce Thompson
Printed in Great Britain by Richard Clay, The Chaucer Press,
Bungay, Suffolk

British Library Cataloguing in Publication Data

Brecht, Bertolt
Der gute Mensch von Sezuan.——(Methuen's
twentieth century German texts)
I. Title   II. Thompson, Bruce
823'.912   PT2603.R397

ISBN 0-423-51530-6

CONTENTS

ACKNOWLEDGEMENT

The editor and publishers are grateful to Suhrkamp Verlag for permission to reproduce the text in this edition.

The editor would also like to acknowledge the assistance he has derived in the preparation of this edition from the work of Jan Knopf, particularly in his collection of *Materialien* on the play in the Suhrkamp Taschenbuch edition (1982). This has been an invaluable source of information. He has also been greatly helped by his colleague in the German Department at Stirling, Malcolm Read, whose two talks on the play recorded in the series Stirling University CSYS Cassettes have formed the basis of many of his own conclusions on *Der gute Mensch*.

In preparing this new edition of *Der gute Mensch* he has also given full consideration to the edition published previously in Methuen's Twentieth Century Texts edited by the late Margaret Mare. He gratefully acknowledges her careful and scholarly work on the play. A small number of Notes to the Text have been reproduced from that edition, others have been amended. The Vocabulary has been revised and considerably extended, and the general approach of the Introduction has been adjusted to take account of recent Brechtian scholarship and the current needs and expectations of students.

INTRODUCTION

Der gute Mensch von Sezuan was written during Brecht's period of exile following his flight from Nazi Germany, and was completed in Finland in 1941. Though it was performed in Zurich in 1943, it was not until 1952 that it received its West German première in Frankfurt am Main and 1957, a year after Brecht's death, that it was presented by his 'home' theatrical company, the Berliner Ensemble, at the Theater am Schiffbauerdamm in East Berlin. Since then it has become one of his most popular plays.

Reasons for its popularity are readily apparent. As a parable play it possesses a simple, easily comprehended moral framework, and illustrates with persuasive clarity the precept that goodness is impossible in a corrupt world. It raises universal ethical and religious issues, but these are presented lightly and at times with gentle humour through the disarmingly human figures of the three gods. Although the better-known Brechtian devices such as narrative commentary and placards or slogans announcing the content of scenes are largely absent, the play also provides a typical and very approachable example of 'epic theatre.' There are moments, for example when characters address the audience directly on social issues in brief asides (often in verse); the songs and lyrics provide thought-provoking commentaries; and there is the novel theatrical trick of the central character consciously adopting the role of a contrasting figure, at one stage actually changing costume in full view of the audience. There are various interludes ('Zwischenspiele') in which the three gods consider the dramatic developments, and in Scene 8 Brecht employs the montage technique of the cinema, as Frau Yang narrates to the audience and then enacts in turn the events of the previous few months, swiftly cutting from one scene to the other. Between Scenes 5 and 6 Shen Te appears alone and explains her behaviour so far. Such devices interrupt the flow of the dramatic action, stimulating the audience to reflect on events and characters, and thus providing typical examples of the Brechtian 'Verfremdungseffekt' ('alienation effect').

Compared with the other well-known plays of Brecht's mature period, *Der gute Mensch* may lack the broad historical canvas of *Leben des Galilei* and *Mutter Courage*, the racy comedy of *Herr Puntila und sein Knecht Matti*, the spectacle, excitement and wit of *Der kaukasische Kreidekreis*; nevertheless it appeals through its popular settings, its simple every-day language, the very 'ordinariness' of the characters, and the small-scale intimacy of the scenes. Occasionally there is a sentimental appeal, as when Shen Te expresses her love for Sun in lines which have a lyrical quality:

> Ich will mit dem gehen, den ich liebe.
> Ich will nicht ausrechnen, was es kostet.
> Ich will nicht nachdenken, ob es gut ist.
> Ich will nicht wissen, ob er mich liebt.
> Ich will mit ihm gehen, den ich liebe. (p. 117)

Though we are encouraged periodically to view Shen Te's behaviour with critical detachment, there are times such as these when we identify with her emotions and respond sympathetically to her problems.

Over the years some of the more striking productions have appealed through their imaginative adaptations of Brecht's settings. For example Giorgio Strehler's 1958 production at the Piccolo Teatro, Milan, exploited the fairy-tale arrival of the gods in the depressing city of Sezuan. They arrived singing together on a tiny cart bedecked with flowers, and lit by three candles, 'ein Stück Paradies in der grauen Stadt.'[1] They wore magnificent, colourful robes and masks with black beards, making them look like characters from a Peking opera. By contrast Sezuan was depicted as a 'trostlose Welt,' with grey, wretched barracks of bamboo and cement, and with telephone wires silhouetted against the empty and soulless sky. A scene which appealed to the reviewer of the 1952 West German première in Frankfurt was the love scene in the rain in the park: 'Zwischen aller Trostlosigkeit, in Schlamm und Nässe beginnt hier ein menschliches Gefühl zu wachsen, das wie ein zarter Duft die kalten Worte des Mannes einhüllt.' And then the scene in the tobacco factory, with the breath-taking tempo of the assembly line, to the accompaniment of Paul Dessau's music in the *Lied vom achten Elefanten*: 'Hier packt es elementar. . . . Hier brach auch der Beifall bei offener Bühne los.'[2]

Such general impressions may be enhanced by the imaginative use of masks and costume effects to characterize and distinguish the various groups of characters. In the Milan production the wealthy 'exploiters' wore black, notably the ruthless Shui Ta, 'der durch die starre, grinsende Maske wie ein Roboter wirkte.'[3] Other characters wore various shades of grey. At the Volksbühne of East Berlin in 1970 the 'simple' people wore transparent, soft facial masks which registered changes of expression. Others wore puppet-like 'starre Kopfmasken', a device which not only helped to characterize their social backgrounds, but also forced the actors to convey their feelings through bodily gestures and intonation. 'Die Wirkung ist frappierend', wrote Ernst Schumacher at the time.[4]

THE BACKGROUND

Although *Der gute Mensch* is the product of Brecht's mature years and reflects very much the dramatist's later development, its setting and subject-matter also have their roots in Brecht's earlier personal experiences and preoccupations in the Germany of the 1920s, when his political and theoretical ideas began to take shape. Brecht spent much of this period in Berlin, where he had originally come from Munich in 1921, as a rebellious, penniless and frequently hungry student (he was once admitted to the Charité hospital because of undernourishment). Before he was forced to leave Berlin in 1933, Brecht had achieved fame as a dramatist and was comparatively wealthy, but his early period of deprivation had left its mark and was reinforced by his political and social observations.

Brecht's Berlin was the Berlin of the Weimar Republic, a period of political instability following the First World War, marked by two major economic milestones, the period of inflation in 1923 and the economic crisis of 1929–30, initiated by the Great Crash of 1929 and followed by the Great Depression. The first of these disasters badly affected the financial position of the middle and working classes, but some speculators made enormous profits, and economic power came to be concentrated in the hands of the few, namely the great industrialists. The mid-twenties saw the expansion of giant capitalist enterprises through the adoption of American technology and production methods and the amalgamation of leading firms. As a result new fortunes were amassed in industry and wages went up, but the boom was under-capitalized, and when foreign investment began to diminish at the end of the decade, the result was economic instability and rapidly rising unemployment.

Brecht's works during this period reflect to some extent his reactions to these general economic experiences and to life in the city of Berlin. He was fascinated by the conditions and attitudes prevalent in the modern industrial city, which he depicted in a number of plays as a lawless jungle or battlefield in which the exploiters and the exploited are engaged in a struggle for economic survival. This image is suggested by the title of his early play *Im Dickicht der Städte* (1923), set in the violent gangster world of Chicago, with its mixture of big business and human deprivation, criminality, prostitution and the like. The vaguely evoked fantasy world of the American city was a favourite setting for Brecht, and appeared again in the 'epic opera' *Aufstieg und Fall der Stadt Mahagonny* (1928-9) and in *Die heilige Johanna der Schlachthöfe* (1929-30), a parody of the Joan of Arc theme. By then Brecht had become closely associated with the director of the Berliner Volksbühne, Erwin Piscator, the founder of the politically orientated 'epic theatre'. He had also embarked upon his studies of political science and economics, in particular of the writings of Karl Marx, and had established close contacts with trade unionists and representatives of the German Communist Party.

Brecht's Marxist studies emphasized for him the power of money in a capitalist society, in which laws existed for the exploitation of the masses by big business. That a system based on the principles of exploitation, robbery and fraud was doomed to ultimate failure was confirmed by the Great Crash of 1929, by which time Brecht, in collaboration with the composer Kurt Weill, had already completed the text for *Mahagonny*, which predicted such an outcome. Brecht's Mahagonny is an imaginary American boom city, founded on the twin gods of money and pleasure, but which clearly reflects the economic anarchy of the Weimar Republic. Eventually it is plunged into chaos amid civil disorders brought about by inflation and universal mutual hostility ('in zunehmender Verwirrung, Teuerung und Feindschaft aller gegen alle').[5] The play inspired most immediately by the 1929 economic crisis was *Die heilige Johanna*, which is again set in Chicago and represents another attack on American big business, but whose locale is really symbolic of the capitalist world at large. The play's events follow the modern industrial cycle from initial prosperity, through a period of over-production, to crisis, stagnation and unemployment, and represent a simplification of the complex world of competitive market forces, monopolization and appropriation of wealth through the exploitation of labour and poverty.

The play from this period which has achieved most popularity in Britain is *Die Dreigroschenoper* (1928) ('The Threepenny Opera'), which is another successful product of the Brecht-Weill collaboration and was completed during their work on *Mahagonny*. It is set in an eccentric version of the London underworld at the end of the nineteenth century with a bizarre and melodramatic plot based on John Gay's *The Beggar's Opera* of the 1720s. The main characters are Peachum, who runs a fantastic business of organizing and fitting out beggars, and Macheath ('Mac the Knife'), a leader of a criminal gang, who carries off Peachum's daughter Polly, and whom Peachum subsequently attempts to have arrested and hanged, partly in the hope of obtaining the reward offered for Macheath's capture. Brecht's Peachum is an indictment of bourgeois business morality. His business, though charitable on the surface, amounts in reality to an exploitation of human misery and piety for his own financial gain. At the same time the business world is also represented analogously in the organization of Macheath's gang which presents a parallel to the 'respectable' corruption of bourgeois business practices. In contrast to Peachum's dubious activities, however, the criminal elements in the play are treated sympathetically, for they pose a threat to the material security of the bourgeoisie. An interesting feature is the presentation of the legal authorities, represented by London's Chief Constable, Tiger Brown. On the one hand Brown is out to trap the criminal Macheath, and connives at Peachum's trickery. On the other, he is Macheath's friend and is ever reluctant to arrest him and allow the forces of justice to take their course. Thus bourgeois attitudes, criminal circles and the police authorities are linked together in symbolic union.

Much of Brecht's social and political comment is expressed in the celebrated Kurt Weill songs, which include many of the slogans associated with the Marxist view of the capitalist economy. The poverty and evil prevalent in human affairs are due not to Man's evil nature as such, but to the economic circumstances, the 'Verhältnisse':

> Natürlich hab ich leider recht
> Die Welt ist arm, der Mensch ist schlecht.
> Wir wären gut – anstatt so roh
> Doch die Verhältnisse, sie sind nicht so.[6]

Material well-being is the privilege of the rich ('Nur wer im Wohlstand lebt, lebt angenehm')[7], and only the rich can afford morality ('Erst kommt das Fressen, dann kommt die Moral').[8] Consequently crime is inevitable amongst the deprived:

> MAC: Denn wovon lebt der Mensch? Indem er stündlich
> Den Menschen peinigt, auszieht, anfällt, abwürgt und frißt.
> Nur dadurch lebt der Mensch, daß er so gründlich
> Vergessen kann, daß er ein Mensch doch ist.
>
> CHOR: Ihr Herren, bildet euch nur da nichts ein:
> Der Mensch lebt nur von Missetat allein![9]

The bitter cynicism of these lines provides a striking anticipation of the moral implications of *Der gute Mensch von Sezuan*.

GENESIS AND RELATED WORKS

An important group of characters in the *Dreigroschenoper* who offer a further parallel to the practices of the business world is formed by the prostitutes who also run their own 'business', gaining financially from the exploitation of male weakness. The theme of the commercialization of love as a symbol of bourgeois society was to attract Brecht again in the early 1930s. In 1930 he sketched in the basic situation for a play to be called *Die Ware Liebe*:

> Eine junge Prostituierte sieht, daß sie nicht zugleich Ware und Verkäufer sein kann. Durch ein günstiges Geschick bekommt sie eine kleine Geldsumme in die Hand. Damit eröffnet sie einen Zigarrenladen, in dem sie in Männerkleidern den Zigarrenhändler spielt, während sie ihren Beruf als Prostituierte fortsetzt.[10]

Here, then, is an early version of what was to become *Der gute Mensch von Sezuan*, the early title offering a pun on 'wahre Liebe' ('true love') and 'Ware' ('merchandise'). At this stage Brecht envisaged the problem in terms of the division in roles between Prostituierte and Zigarrenhändler, merchandise and merchant, the latter played, significantly, by the prostitute herself. At the same time a speech conceived for 'das Mädchen' suggests a different approach:

> Das Schlimmste ist, daß ich keinen einzigen Freund habe. So muß ich entweder schlecht und hartherzig werden oder zugrunde gehen, indem ich entgegenkommend bin. Wenn ich einen Freund hätte, könnte ich bleiben, wie ich bin, was ich gern möchte.[11]

Here the need for a second character (a 'Freund') is felt in connection with her otherwise ruinous desire to be pleasant ('entgegenkommend'). Thus Brecht was already developing the commercial theme (relationship between Zigarrenhändler and Prostituierte) with a treatment of the relationship between goodness (being 'entgegenkommend') and evil (being 'schlecht' and 'hartherzig').

Previously, in *Die heilige Johanna*, Brecht had also illustrated his awareness of the incompatibility of goodness and commercial practices. Johanna belongs to the 'Strohhüte', an evangelist movement modelled on the Salvation Army, preaching God's word and in effect serving the interests of the employers by diverting the attention of the exploited workers from their material plight. Johanna recognizes that the evil ways of the workers are in fact due to their poverty and that a solution to the economic situation is a prerequisite for their moral improvement. However, she will not support a general strike organized by the communists in the pursuit of this aim because she is opposed to violence. Thus she perishes, crushed in the battle between the forces of capitalism and the exploited workers. In this situation idealism, whether religiously or morally based, cannot survive.

Brecht's preoccupation with this theme continued in the form of his libretto for a ballet by Weill which appeared in 1933 entitled *Die sieben Todsünden*. Two sisters, both called Anna, are travelling through America in an attempt to make sufficient money to buy their family a house. The first Anna is the manager in charge of the venture, the second Anna provides the means of acquiring wealth through the sale of her beauty and talent as a dancer. To be successful she must avoid the seven deadly sins of sloth, pride, wrath, etc., and her sister sees it as her task to keep her on the straight and narrow. Yet what are considered sins in the commercial world would be virtues in any other situation (e.g. sloth in this case is simply the refusal to sell herself, wrath is a display of anger at a man who ill-treats his horse). If Anna is to succeed financially she must not allow herself the weakness of being virtuous. In the business world morality is stood on its head and traditional concepts of good and evil are reversed.

In both the notes for *Die Ware Liebe* and *Die Sieben Todsünden* we find the concepts of good and evil embodied in two closely related characters, the Mädchen and the Freund in the one, the two sisters Anna in the other. By the time Brecht resumed his work on the *Ware Liebe* material in 1939 he had decided that the dichotomy might be illustrated most dramatically in the form of two opposing, and therefore complementary, aspects of the same personality. In taking this decision he was of course simply developing his initial idea that the Prostituierte of *Die Ware Liebe* should also play the role of the Zigarrenhändler. But now the 'good' person was to assume the role of her 'evil' cousin in order to protect her own business interests.

Shortly before completing *Der gute Mensch von Sezuan* Brecht had taken the concept of the dual personality still further in his comic treatment of the good/evil theme in *Herr Puntila und sein Knecht Matti* (1940). In this play the hero, a wealthy landowner, slips unconsciously (rather than consciously) from role to role under the influence of alcohol. Much of the comedy resides in the fact that drink has, in humanitarian and moral terms, a beneficial effect on Puntila. Drunk he exudes 'Freundlichkeit' and 'Menschlichkeit'. Sober he is the aggressive, unscrupulous businessman, with a keen eye to his material interests. Ironically his genial, drunken state is presented in the early stages of the play as the expression of his normal self. He describes his brief periods of harsh sobriety as 'Anfälle', attacks of sickness from which only the medicine of alcohol can heal him. Yet he later comes to regard drink as a curse, diverting him from the path of reason and common sense, and his chauffeur Matti eventually acknowledges that Puntila's periods of inebriation, however attractive, are the exception rather than the rule, and will always dissolve in the cold light of day. The friendship between master and servant has no permanent validity:

Die Stund des Abschieds ist nun da
Gehab dich wohl, Herr Puntila.
Der Schlimmste bist du nicht, den ich getroffen
Denn du bist fast ein Mensch, wenn du besoffen.
Der Freundschaftsbund konnt freilich nicht bestehn
Der Rausch verfliegt.[12]

Brecht's main concern, however, is not with the psychological study of a split personality. Neither is it his purpose to determine which of the two contrasting images represents the true Puntila. True, in his drunken moments we have a glimpse, perhaps, of a good Puntila trying to assert himself over the bad, but ultimately the bad prevails because of his position in life. Essentially Puntila's 'nature' is determined by circumstances, and Matti leaves the play with the observation that the good master will only be achieved through a radical reversal of the social situation:

's wird Zeit, daß deine Knechte dir den Rücken kehren.
Den guten Herrn, den finden sie geschwind
Wenn sie erst ihre eignen Herren sind.[13]

The heroine of *Der gute Mensch von Sezuan* is a less problematic personality than Puntila, for she possesses clearly
and indisputably a natural tendency towards goodness. But
the import of the two plays is similar: because of the prevailing circumstances men are conditioned to be evil, and
goodness is impracticable; indeed goodness as a *value* cannot
survive without fundamental social and economic changes.

SETTING

Brecht's choice of a Chinese setting for *Der gute Mensch von
Sezuan* reflects his interest in the Chinese theatre and Chinese
philosophy; he also looked to China as typically representa-
tive of world social changes. But the significance of the setting
for an understanding of the play should not be over-
emphasized. For several of his later works Brecht chose
remote, exotic or historical settings (medieval Georgia for
Der kaukasische Kreidekreis, the Italy of the Renaissance
period for *Leben des Galilei*, the Germany of the Thirty
Years War for *Mutter Courage*), in which he paid little more
than lip-service to local colour or historical background. To
some extent the use of such a setting served his didactic pur-
poses: the spectator was to be presented with social processes
which were in reality part of his every-day experience, but
which, displayed in a 'foreign' setting, he would discover
anew, and re-examine as 'strange' and therefore alterable.[14]

During his preparatory work on *Der gute Mensch* Brecht
was determined to avoid overemphasizing the Chinese aspects
of the play: 'nebenbei muß die gefahr der chinoiserie bekämpft
werden', his aim being simply to suggest the atmosphere of a
'chinesischen vorstadt mit zementfabriken usw', which could
in effect represent any 'große, staubige, unbewohnbare
stadt'.[15] Brecht's Sezuan is, as his description of his

'Schauplatz' indicates, 'halb europäisiert', and references to 'Brot' and 'Milch' are found alongside those to 'Reis' and 'Tee'. Geographical location and historical period are left deliberately vague: he does not name the capital city of the province of Szechwan; anachronistic phenomena such as the gods co-exist with modern industrial and technological developments such as aeroplanes. Like the London of the *Dreigroschenoper*, Sezuan is essentially a poetic conception and the Chinese elements do little more than provide a superficial dressing to the moral and social basis of the material: 'hier hat man dann das chinesische als reine verkleidung und als löchrige verkleidung!'[16] But if the Sezuan of Brecht's play is intended to exhibit universal rather than local features, it is nevertheless represented as a location in which particular faults may be observed. For Brecht, Sezuan stood for 'alle Orte, an denen Menschen von Menschen ausgebeutet werden'.[17] It is inhabited by a society of a particular kind, and possessing one dominant feature – the exploitation of the many by the few.

SHEN TE AND SOCIETY

Ostensibly *Der gute Mensch von Sezuan* illustrates the fate of the 'good' in a self-interested and corrupt society. Shen Te's goodness is a natural quality, springing from a spontaneous desire to be generous and obliging. 'Die kann nicht nein sagen', says Wang (p. 52), and it is in this spirit that she agrees to offer the gods accommodation. Because of her sinful profession she herself does not regard herself as good, but it is clear that she has adopted it only out of economic necessity, and when she purchases her shop with the money given to her by the gods she looks forward eagerly 'jetzt viel Gutes tun zu können' (p. 58). Like the gods, Shen Te believes that prosperity will enable her to do good in the form of acts of charity.

Yet in her purchase of the shop Shen Te is entering the commercial world of dishonesty, opportunism and hypo-

INTRODUCTION 13

crisy. Frau Shin deceives her at the outset over the sale of the shop and then has the effrontery to claim that she, Shin, has been robbed. The Hausbesitzerin makes an extortionate demand for 200 dollars' rent in advance, whilst protesting that she wishes to maintain good relations with her tenants. In assuming that she can now afford to be generous to the poor and deprived, Shen Te also falls victim to the vultures who are determined to exploit every ounce of charity she has to offer. They themselves are characterized by their *lack* of generosity to others. Having taken advantage of Shen Te, Frau Shin shows displeasure at Shen Te's further generosity to the old tobacconist and his wife. In turn, the old lady objects when Shen Te offers hospitality to the unemployed, and has herself left her brother and pregnant wife in the lurch. That their behaviour is governed purely by self-interest is also suggested when the old man is prepared to vouch for Shen Te to the Hausbesitzerin, but only so that he may continue to enjoy her charity himself. Further examples are seen in the members of the family who fight amongst themselves over wine and tobacco. Moreover, the unfortunate boy of the family is told to steal bread, but is then betrayed and abandoned by his elders when he is caught. This is a society in which each is concerned solely with his own interests, and life is a tough battle between the individual and the rest.

It is also a society in which individuals are valued less as personalities or human beings, than as commodities which can be bought, sold or used. It is not without significance that Brecht chose as the subject for his drama the lowly prostitute who has to sell herself to make a living. Initially we see that her profession is frowned upon by such as the Hausbesitzerin and the police authorities. But when she has been set up in a shop, and has thus joined the more respectable commercial classes, the authorities wish to help her. Thus when she runs into financial difficulties it is the policeman who suggests the remedy: that she should advertise for a husband and enter into a marriage of convenience, a

'Vernunftheirat', as it is called. In other words, she is to be sold again to the highest bidder, a more respectable, bourgeois form of prostitution. A convenient candidate is found in Herr Shu Fu, a wealthy businessman, who clearly regards Shen Te as an attractive possession who will be easily acquired. We should not be misled into imagining that his 'feelings' for her amount to anything more profound than an older man's lecherous enthusiasm for her physical charms and a businessman's interest in her shop. As far as he is concerned the whole affair can be settled over dinner. He appears to have a flattering regard for her good nature, but his own 'generosity' in offering his old warehouses to house the homeless turns sour when they turn out to be rotten and rat-infested. Even his grand gesture of offering her a blank cheque is not so altruistic as it looks: he probably assumes that Shen Te will only fill in a trifling sum, or he knows that as he will thereby gain her as his wife, anything that she purchases will become his anyway.[18] It is a calculated means to an end. Elsewhere he is depicted as an unpleasant and occasionally ridiculous figure. His cruel violence to the unfortunate Wang scarcely matches the grotesquely exaggerated, mincing flattery of the gallant admirer, but both are projections of the same calculating bourgeois businessman, who can adjust his image and behaviour according to the requirements of the situation.

That Shu Fu never succeeds in finalizing his 'purchase' of Shen Te is due primarily to the distractions of her love for Sun. Shen Te does indeed avoid having to marry for money, but only to find that the man she loves also regards her as property. From the beginning of their relationship Sun behaves in a superior and disparaging manner towards her; he takes advantage of her both sexually and financially, displaying a grasping and selfish character. Sun's interest in Shen Te is partly financial, for he sees her as a means of acquiring the 500 dollars needed to 'buy' himself a job as a pilot. After she has advanced him the 200 lent to her by the old Teppichhändler and his wife to help her pay her rent, his unscrupulous and self-centred nature is revealed in his willingness to sell Shen Te's shop for 300 dollars instead of 500, thereby depriving her of the possibility of repaying the 200 she borrowed. Sun's love for Shen Te is perverted by his love for her money. He and Shu Fu represent thereby two equally unattractive and selfish approaches to marriage in a society in which the relationship between man and woman increasingly takes on the nature of a commercial transaction.

Because of their predominantly self-seeking behaviour, the characters with whom Shen Te comes into contact are revealed as singularly unpleasant. But Brecht attempts to balance this impression in comments occasionally addressed directly to the audience which suggest that their behaviour is determined essentially by economic factors. 'Sie sind arm', says Shen Te of those who exploit her charity, 'Wie könnte man da nein sagen?' (p. 59). Again, 'Sie sind schlecht', but 'Wer könnte sie schelten?' (p. 61). In the early song *Das Lied vom Rauch* we are reminded that the vultures are also the poor and deprived, who have learnt the bitter lesson of the futility of human effort: neither brain-power nor industry, nor indeed crime, will serve to fill their bellies. The result is inactivity, resignation, despair. So why should they not seek to exploit what is on offer? In his explanation of Shen Te's difficulties Wang's imagery conveys the nature of the economic situation and the desperation of their struggle:

Kaum war da eine windgeschützte Stelle
Kam des ganzen winterlichen Himmels
Zerzaustes Gevögel geflogen und
Raufte um den Platz und der hungrige Fuchs durchbiß
Die dünne Wand, und der einbeinige Wolf
Stieß den kleinen Eßnapf um. (p. 91)

In tune with these sentiments are Shen Te's lines 'defending' Sun's evil nature on the grounds that he is poor:

Wenn ich sein schlaues Lachen sah, bekam ich Furcht, aber
Wenn ich seine löchrigen Schuhe sah, liebte ich ihn sehr.
(p. 135)

And Sun himself blames his conduct and attitude on the situation, the 'Verhältnisse', claiming that otherwise they would have married without problems (p. 149). By including these explanatory, 'alienating' comments which interrupt the flow of the dramatic action, Brecht is encouraging us to reflect on the characters' imperfections and to take a more balanced, objective view of them, to seek the *reasons* for their behaviour in the economic situation in which they find themselves. Frequently he reminds us that life is wretched and conditions are tough, so much so, for example, that miserable winter evenings and high bridges are a positive inducement to commit suicide (p. 85). In such a situation absolute ethical judgements on their behaviour are impossible.

SHEN TE AND SHUI TA

Shen Te's appreciation of the economic situation is summed up in a stanza addressed to the audience at the close of Scene 1:

Der Rettung kleiner Nachen
Wird sofort in die Tiefe gezogen:
Zu viele Versinkende
Greifen gierig nach ihm. (p. 68)

These lines are an indictment of a system in which there are too many drowning rats who drag the potential saviour down with them. Her own personal solution is to suspend temporarily her acts of charity and to assume the role of her fictitious cousin, Shui Ta.

Shen Te's assumption of this role is not to be understood in psychological terms as providing evidence of a split personality; it is a conscious, deliberate attempt to adapt to circumstances. In fact, the invention of the role is suggested to her by the first group of 'exploiters' as a means of warding off others. At times we see her consciously preparing herself for the role, and it is clear that Shui Ta is a separate person whom she can summon at will when necessary, rather than a part of her own personality. Occasionally the identities do merge, and the mask slips slightly, as when the ruthless Shui Ta appears to act out of character and appeals to the heart of the Hausbesitzerin. There are moments, too, when Shen Te's painful emotions are perceived as Sun talks to Shui Ta as the opportunist man of the world. But rather than denoting a schizoid condition, these occasions suggest Shen Te's difficulties in sustaining the role, and in dramatic terms serve as reminders to the audience of Shui Ta's real identity, for as the play proceeds he tends to predominate and Shen Te becomes absorbed into his role. They also provide further alienation effects, as in Scene 5 (p. 104) when Shui Ta forgets his role, runs to tidy his hair as Sun approaches, and then laughs as he recognizes his error. At such moments the audience is reminded literally that this is 'theatre' and not 'reality', and that Shui Ta is an artificial creation. We are to reflect upon his *role*, rather than identify with him as a character.

Initially Shen Te invents the role simply to eject the vultures and so save the shop, but in order to be taken seriously Shui Ta has to assume a mask of ruthless and unscrupulous severity. He underpays the carpenter for the installation of shelf-stands (coolly taking advantage of the fact that they could not be installed elsewhere); he also deliberately ensures that the boy who had been instructed to steal is handed over to the law, and that the family is removed for questioning as well. Shui Ta feels bitter at having to deal so harshly with the poor and lowly, but at this stage Shen Te clearly assumes that once she is re-established in her shop she can reappear in her own identity and resume her acts of charity.

This is still her hope when she hastily has to resort to the role for the second time. By now she has fallen in love with Sun. Set beside the cynical and calculating attitudes of Shu Fu and Sun himself, Shen Te's love seems conspicuously pure and innocent. We see her become emotionally involved through sympathy for his plight, and sorrow at his disparaging attitude towards her, until her love fills her with optimism and a fresh idealistic attitude as she returns to the city in the early morning (p. 95). In one sense love represents goodness in its purest and most naïve form; it exposes Shen Te to exploitation on the part of Sun as with hasty, unquestioning generosity she gives Sun's mother 200 dollars towards his pilot's job. But this act is contrary to the interests of the old Teppichhändler and his wife, who, with equally foolhardy generosity, have lent her the 200 dollars in the first place. To be sure, Shen Te has every intention of repaying them. But her action does cause them concern (the old man actually falls ill with worry) and eventual ruin, and the whole extended episode runs like a *leitmotif* through the play, haunting her with her guilt. Though she tries to reconcile her love for Sun with goodness, her words imply an admission that love is essentially a selfish passion and has brought about a deterioration in her attitude from the high standards of unselfish generosity that she has set herself:

> die Götter haben auch gewollt, daß ich zu mir gut bin.
> Keinen verderben zu lassen, auch nicht sich selber
> Jeden mit Glück zu erfüllen, auch sich, das ist gut. (p. 118)

The complexity of the situation in which Shen Te finds herself in the role of Shui Ta is illustrated in the extended episode involving Sun and the 500 dollars needed to finance his job as a pilot. In fact Shen Te assumes the role for the second time expressly to raise the 300 dollars still needed, and Shui Ta's relationship with Sun proceeds like a business negotiation. There are arguments over the proposed sale of Shen Te's tobacco stock, until Shui Ta eventually pulls out of the deal and demands the return of the 200 dollars which Shen Te had originally handed over. When Sun refuses, Shui Ta realizes that the shop is virtually lost (for the rent cannot be paid), and his reason tells him that the last resort is a marriage between Shen Te and the wealthy Shu Fu. The conflict has now become one between Shen Te's emotions and Shui Ta's reason. The result is a triumph for love, and Shui Ta disappears again from the stage. With her surrender to her love for Sun, Shen Te undergoes a further conflict, between her desire to marry Sun and her moral obligation to return the 200 dollars to the Teppichhändler. The result this time is a victory for her moral scruples, for she prepares to sell her stock and belongings in order to repay her debt, thereby sacrificing the shop, her business, and her marriage to Sun into the bargain. Shen Te thus emerges from her series of internal conflicts with her moral scruples intact, but significantly she faces economic ruin at the same time.

At this point (the beginning of Scene 7), Brecht gives the plot two significant twists. One is provided by Shu Fu's offer of financial rescue; the other is Shen Te's discovery of her pregnancy. Both prompt her third and, she hopes again, final recourse to the identity of Shui Ta.

Initially Shen Te's pregnancy brings about a resurgence of her feelings of benevolence, directed specifically towards the homeless child of Lin To. But her feelings of outrage at the fate of such unfortunates are then transformed into a fierce determination that her own child will escape such a fate. At first she had assumed (in the charming scene in which she acts out her imagined role as mother) that the child would indeed lead a deprived life, needing to be taught to steal from the rich and keep a wary eye out for the police, but it soon becomes clear that she has more ambitious plans. She will fight for a better life for her child as a tigress in the jungle, her goodness now being channelled solely into a pursuit of the interests of her own flesh and blood:

> zu dir
> Will ich gut sein und Tiger und wildes Tier
> Zu allen andern, wenn's sein muß. (p. 140)

Again her sentiments are clearly less unselfish and philanthropic than at the outset. Her natural goodness has again been contaminated, this time, ironically, through the stimulation of her natural instincts as a mother. In this connection Brecht's image of the 'jungle' is indeed appropriate. The law of the economic jungle conditions Man's very nature towards evil. As Shui Ta, Shen Te's plan is now to create sufficient material well-being to ensure that the child will never need to know of Shui Ta's existence or of the means of the procurement of its wealth. For Shui Ta enriches himself through the ruthless exploitation of labour. He cashes Shu Fu's blank cheque for an exorbitant amount, not only to pay off Shen Te's debts (sadly too late in the case of the Teppichhändler couple), but also to establish in Shu Fu's warehouses a tobacco factory in which the homeless will work. In effect Shen Te's charitable acts will now be regularized and the people must earn their living. Although the plan clearly has a rational basis, it is scarcely fulfilled according to humanitarian principles. Shui Ta keeps his workers cooped up like animals in cages, more slaves than free human beings, and exploits child labour. All this for the sake of Shen Te's own child.

When Shui Ta appears in the final court scene to account for his behaviour, he acknowledges the change in the function of his role. If his initial purpose was to enable Shen Te to do good ('damit sie Gutes tun konnte'), his later efforts were solely 'für das Kind' (p. 172). Shen Te herself gives a similar version when she resumes her identity:

> alles, was ich verbrach
> Tat ich, meinen Nachbarn zu helfen
> Meinen Geliebten zu lieben und
> Meinen kleinen Sohn vor dem Mangel zu retten. (p. 175)

But she also confesses that she was unable to reconcile her desire to be generous with her more selfish aims:

> gut sein zu andern
> Und zu mir konnte ich nicht zugleich
> Andern und mir zu helfen, war mir zu schwer. (p. 174)

Shen Te may have fondly believed at the outset that she was adopting the role of Shui Ta simply in order to resume her acts of charity, but she has learnt that goodness is essentially incompatible with survival itself. As early as the interlude between Scenes 4 and 5, when she sings the song *Das Lied von der Wehrlosigkeit der Götter und Guten* as she dons the mask and robes of Shui Ta for the second time, she recognizes the necessity for severity and toughness ('Härte') to ensure the procurement of the next meal:

> Um zu einem Mittagessen zu kommen
> Braucht es der Härte, mit der sonst Reiche gegründet
> werden. (p. 103)

Gradually the need to survive ('zu leben') has triumphed over the desire to do good, to eat good meat, over the precepts of the gods. By implication, then, the power of Nature is incompatible with, and more powerful than morality.

But just as Brecht indicates that other characters' imperfections and selfish behaviour are due to economic factors, so too does Shen Te herself put the blame for her own behaviour fairly and squarely on circumstances. In the *Lied von der Wehrlosigkeit der Götter und Guten* she claims that the gods *owe* it to the good to improve the world, and in the final scene she voices the charge more explicitly: 'Etwas muß falsch sein an eurer Welt.' (p. 174) If society is not changed, then she will again and again require the assistance of Shui Ta. Each time she has 'sent' for him she has hoped it would be for the last time, but as Shui Ta has already stated, circumstances, the 'Verhältnisse', forced him to stay:

> Ich mußte dreimal kommen. Ich wollte nie bleiben. Die Verhältnisse haben es mit sich gebracht, daß ich das letzte Mal geblieben bin. (p. 170)

As we were told in the *Dreigroschenoper*, the evil are evil because they are poor and need to survive:

> Die Welt ist arm, der Mensch ist schlecht.
> Wir wären gut - anstatt so roh
> Doch die Verhältnisse, sie sind nicht so.[19]

SOCIAL AND POLITICAL IMPLICATIONS

Although Shen Te's good intentions become contaminated through her more selfish preoccupations and her recognition of the necessity for survival, Brecht nevertheless indicates that her natural inclinations retain their original purity. This is suggested particularly in her comments to the audience on the discovery of her pregnancy:

> Ach
> Welche Verführung, zu schenken! Wie angenehm
> Ist es doch, freundlich zu sein! Ein gutes Wort
> Entschlüpft wie ein wohliger Seufzer. (p. 138)

The sentiments expressed in these lines, suggesting the pleasant, indeed seductive, and therefore dangerous power of goodness, provide an interesting anticipation of those expressed by the heroine of Brecht's next major play *Der kaukasische Kreidekreis*. There the kitchen-maid Grusche is 'seduced' into doing good as she rescues the abandoned child of the overthrown governor, and flees with it into the mountains, so exposing herself to danger and hardship. Both Shen Te and Grusche represent the natural humanity that still struggles to exist in a hostile world. But whereas Grusche's love for the child is rewarded, if only through the miraculous intervention of an eccentrically humane judge, Shen Te is forced to deny her natural inclinations and adapt to the world as it is.

Viewed in this light, her behaviour appears to illustrate the comment which Brecht made in a poem on the motto which he gave the play: 'Die Maske des Bösen'. The mask in question is a Japanese mask of a face apparently distorted by rage and presenting a truly evil appearance. But Brecht views the mask sympathetically, recognizing that the swollen veins on its brow are but symptoms of the effort required 'to be evil':

> Mitfühlend sehe ich
> Die geschwollenen Stirnadern, andeutend
> Wie anstrengend es ist, böse zu sein.[20]

This is not to suggest that Shui Ta should himself present such a visage. Indeed he usually seems calm and self-assured. But his brief moments of bitterness at the course he has to take (particularly in Scene 2) underline the effort which Shen Te has to make in order to sustain the role. Though her true desire was to be known as the 'Engel der Vorstädte', circumstances required her to don the 'mask of evil'.

It is one of the lessons of the play that the best-intentioned of mortals are conditioned by society to be evil (even Wang is forced to cheat with his false-bottomed measure to make a dishonest living), and that if goodness is impossible, evil cannot be condemned absolutely. Absolute moral standards and values are impossible, it seems. During the course of the play, however, it becomes apparent that society does have a set of standards according to which it can pass judgement on the behaviour of particular individuals, but that these standards relate less to the nature of the behaviour itself than to the economic circumstances of the individual concerned.

Early on, Shui Ta points out with bitterness that Shen Te suffers from a questionable reputation with the authorities and with respectable society simply because she is poor ('Man hat sie beschuldigt, gehungert zu haben' – p. 77), for it is her poverty that has led her to prostitution, and is therefore responsible for her bad name. On the other hand, when she has been set up in a respectable small business, the police obviously have her interest at heart. That the poor are actually discriminated against by the legal authorities is implied in Shui Ta's words to the policeman when he expresses his own determination to go to the legal limits in his defence of Shen Te's security: 'Aber Härte und Verschlagenheit helfen nur gegen die Unteren, denn die Grenzen sind klug gezogen.' (p. 79) He realizes that the prevailing economic conditions are to blame and that the strong must trample on the weak, who must survive by whatever means they can. In selecting the poor and downtrodden as his victims Shui Ta knows that he will have the backing of the law.

That the laws seem to be weighted against the poor is most strikingly suggested in the aftermath of the incident in which the wealthy Shu Fu causes the injury to the unfortunate Wang. Shen Te's attitude is that those who witnessed the incident should give evidence in support of Wang's claim for financial compensation from Shu Fu. In the absence of this support (through fear and the feeling that their support will do little good anyway), she is willing to commit perjury by giving false evidence herself on Wang's behalf. Her moral scruples thus conflict directly with the letter of the law. But later Shui Ta will permit her no such luxury. His refusal to intervene in the dispute is understood by Wang as a gesture of solidarity with Shu Fu, and the establishment and the authorities close ranks as the policeman dismisses Wang with a threat that he should in future be more careful with his accusations. We are left with an impression of obvious double standards, of the existence of different laws for rich and poor, indeed of a discrepancy between moral and conventional justice. The law is an instrument of those who possess wealth and power, to ensure that the system is self-perpetuating.

Shu Ta himself takes advantage of this support when he opens his factory. The factory is regarded by Shui himself, by Frau Yang, and eventually by Sun, as a means of enabling others to earn their living honestly (through 'ehrliche Arbeit'). But when Shui Ta is eventually brought to trial to account for the disappearance of Shen Te, he is attacked by the workers because of their intolerable working conditions. By contrast the authorities appear to tolerate his ill-treatment of his workforce. True, official murmurings have been made about overcrowded conditions, but so long as he only employs *twice* the legally permitted number in the space available, no move will be made to close the factory. As to those who hurl abuse at him, they are dismissed by the policeman as the 'Abschaum des Viertels'. Shui thus prospers from the unholy alliance between big business, the influential circles of the city and the legal authorities. Though his behaviour may be morally reprehensible, in the eyes of the law he has been scrupulously correct in seeking to improve his financial position. In a situation in which all are involved in a life and death struggle in which moral standards must needs go to the wall, the law is weighted in favour of the wealthy and successful.

Shui Ta is aided in his enterprise by Sun, who appears, in effect in his second role in the play, as Shui Ta's foreman. The appointment of Sun to the workforce (as a means of retrieving the misspent 200 dollars, to be deducted from his wages), is at first viewed as a positive development, at least by his mother. For her he has been turned into 'einen nützlichen Menschen', he becomes 'ein guter Arbeiter', is even 'freundlich' to his fellow-workers, and she concludes that Shui Ta has 'alles Gute herausgeholt, was in Sun steckte'. (p. 152) Set against these judgements, however, are Sun's own deeds, as witnessed by the audience. By juxtaposing comment and action in this scene (Scene 8), Brecht forces the audience to reflect on society's own standards of behaviour. Sun's zeal as a worker and kindness to others is but a cunning means of ingratiating himself with his boss; moreover he betrays the corrupt malpractices of the foreman, only so as to take his place. Sun is a 'climber', seeking to improve his position at the expense of others. When in possession of authority he becomes a ruthless slave-driver, and attempts to influence Shui Ta to put through unscrupulous business deals. In this role Sun is but an extension of his master and an inevitable product of the system.

The most vivid expression of Shui Ta's ill-treatment of his workers and their degrading slave-like existence is in the *Lied vom achten Elefanten*. The seven working elephants are driven hard by the overseer (representing Sun) until they are toothless. Their one useful attribute has been exploited literally to the bone. The theme of the exploitation of labour is also treated in the parable of the 'useful trees' (narrated by Wang in the interlude following Scene 6), which are made use of according to their size and shape. 'Das ist das Leiden der Brauchbarkeit', is the parable's conclusion (p. 131). Wang's own conclusion from this is that social usefulness is a disastrous quality, for the useful person is exploited by society. In a moment of cynical disillusionment he maintains that the happiest person is the *least* useful, in effect 'der Schlechteste'.

Wang's comments are intended to apply most immediately to Shen Te, whose goodness is also exploited by society because it too is 'useful'. Shen herself has likewise recognized that goodness, or 'Freundlichkeit', is also related to the worker's social usefulness. When she first meets Sun she tells him that good people are still to be found in the world, calling them 'freundliche Menschen'. That 'freundlich' is here synonymous with 'gut' is suggested when she defines 'Freundlichkeit' in terms of generosity and helpfulness towards one's fellow creatures. But she then widens the definition to include those who do jobs which are pleasing or 'useful' to society:

> Wenn jemand ein Lied singt, oder eine Maschine baut oder Reis pflanzt, das ist eigentlich Freundlichkeit. (p. 87)

Sun himself comes into this category, for as a future pilot he is to be a public benefactor, with a useful, practical job, so Shen Te calls him a 'freundlicher Mensch', and the postal service, of which he will be a member, 'die freundliche Post' (p. 89).

Both Shen Te's goodness and the worker's usefulness are exploited in an economic system which measures the value of a person by the value of the goods that he can offer, and which thus substantiates Brecht's own description of Sezuan as a society in which 'Menschen von Menschen ausgebeutet werden'.

It is generally assumed that Brecht is consciously representing in this play aspects of the bourgeois capitalist system. One example often referred to is the experience of Wang, the water-seller, whose own economic situation is highly precarious, for his 'product', water, is only valuable when others have none. During a period of over-production (caused by rain) he becomes a victim of market forces: his product has no real or consistent value in itself. Wang's fate has thus been seen as representing that of the typical small businessman in the precarious world of the capitalist society.[21] Other comments by Brecht on *Der gute Mensch* have also encouraged such assumptions. In a letter to Eric

Bentley he identified the theme of the play as 'Tödlichkeit
bürgerlicher Ethik in bürgerlichen Verhältnissen', and
described Shen Te's enforced recourse to the role of Shui Ta
as a 'schrecklichen Akt der bürgerlichen Gesellschaft!'[22] Such
remarks have also understandably encouraged attempts to
identify specific parallels, both historical and geographical.
Sun's scornful dismissal of Sezuan as a 'Gäulestadt' ('a town
of old nags' – p. 124), in contrast to the advances made in
Peking, has, for example, been taken as an allusion to the
backward state of nineteenth-century bourgeois Germany,
which was eventually overtaken by technological progress
heralded in America.[23] Sun the aspiring pilot is the represen-
tative of the new technological man. On the other hand, Sun
is scarcely treated in the play as a positive character, and his
activities as Shui Ta's overseer clearly place him in the camp
of the powerful exploiters of the masses. Far from presenting
technological and industrial progress in a positive light,
Brecht is exposing its evils. Shui Ta's overcrowded factory,
with its use of child labour, may evoke conditions in the early
years of the Industrial Revolution. But a more convincing
critical assumption is that Brecht is reflecting some of the
economic processes which characterize Germany of the 1920s
such as the decline of the small family business and the growth
of large capitalist enterprises involving the enslavement of
the workforce on rapidly moving assembly lines, pointing
forward even to the national production programmes and
work camps of Nazi Germany.[24]

But the extent to which responses to the play are essentially
subjective, and in any case dependent on the interpretations
of the individual productions, can be gauged from reviews.
West German productions in Frankfurt and Munich in the
1950s still placed sufficient emphasis on the Chinese aspects
(through masks, make-up or décor) to convince audiences
that the conditions depicted were those of a bygone age
bearing little resemblance to the atmosphere of the early
years of the Economic Miracle. On the other hand, the East
German production of the Berliner Ensemble of 1957 certainly

suggested, to the reviewer at least, the conditions of a capitalist city in the Germany of the 1920s.[25] More recent productions have attempted to suggest more contemporary relevance – in the 1981 production at the Piccolo Teatro, Milan, Sezuan came over to the audience as a modern Italian city.[26]

However imprecise the historical period or geographical location, there is no doubt that the play conveys the impression of an imperfect world in need of fundamental social and economic reforms. Early in the play there is the economic despair of the *Lied vom Rauch*, and in the following scene Shui Ta voices his realization that individual acts of charity are insufficient in themselves to deal with universal problems of poverty: 'Das Unglück besteht darin, daß die Not in dieser Stadt zu groß ist, als daß ein einzelner Mensch ihr steuern könnte' (p. 72). By Scene 6 the *Lied vom Sankt Nimmerleinstag* expresses the utopian dream of a better world to come in which the poor will inherit the earth and material rewards will be justly earned (pp. 128-9). And Shen Te's eventual complaint to the gods over economic injustice carries with it the implication of a plea that the situation might be changed:

> Die Last der guten Vorsätze
> Drückte mich in die Erde. Doch wenn ich Unrecht tat
> Ging ich mächtig herum und aß vom guten Fleisch!
> Etwas muß falsch sein an eurer Welt. Warum
> Ist auf die Bosheit ein Preis gesetzt und warum
> erwarten den Guten
> So harte Strafen? (p. 174)

Comments such as these are part and parcel of Brechtian epic theatre, in which the spectator is a critical observer who studies the events as a demonstration, and is made to realize the possibilities of change and improvement. He is stimulated through and then *beyond* sympathy for the suffering and oppressed to desire in himself to bring about the required changes. It is a fallacy to assume that the mood of Brecht's plays is predominantly one of icy detachment, and that the emotions of the audience are never engaged. Brecht was aiming for a more 'active' emotional response, and in *Der gute Mensch* we move from sympathy for Shen Te to anger at her predicament.

The ending of *Der gute Mensch* does indeed provide a perfect example of the alienation effect that Brecht was aiming for. Shen Te has acknowledged that her desire to do good *and* survive cannot be fulfilled without a better world. But the departure of the gods leaves her with her moral dilemma unresolved. In the world of the play itself there are no universal solutions, only personal ones, which of necessity are at the expense of others. Only in the epilogue is the possibility of a solution posed, but that is to be found by the spectators themselves. The actor who addresses the audience puts forward a number of alternative solutions, but in the form of questions which suggest his own helplessness:

> Soll es ein andrer Mensch sein? Oder eine andre Welt?
> Vielleicht nur andre Götter? Oder keine? (p. 178)

It is up to the spectators to find the answers. A challenge to the audience, as well as an accusation, has already been issued by Shen Te when she holds up the deprived child of Lin To:

> *Sie zeigt das Kind.* Wie
> Behandelt ihr euresgleichen! Habt ihr
> Keine Barmherzigkeit mit der Frucht
> Eures Leibes? Kein Mitleid
> Mit euch selber, ihr Unglücklichen! (p. 140)

Now the audience is challenged again, indeed urged to initiate the changes: 'Verehrtes Publikum, los, such dir selbst den Schluß!'

Clearly the events of the play have suggested that a new world, 'eine andre Welt' (i.e. 'andre Verhältnisse') is the only possible solution. In view of Brecht's known communist sympathies it is tempting to take for granted the implication that only a socialist society will cure the social and economic ills which have been presented. Several of Brecht's *Lehrstücke* of the 1930s, such as *Die Maßnahme*, are explicitly suggestive of a communist viewpoint, and the last lines of *Herr Puntila und sein Knecht Matti* promise that the people will find lasting happiness only when they are their own masters (presumably in the future communist state). The Marxist will obviously therefore interpret the conclusion of *Der gute Mensch* as a clarion call for communist revolution, and the reviewer of the East Berlin production of 1957 did indeed view it in this light: 'So steht Brechts Stück am Beginn unseres Wegs zum Sozialismus.'[27] Eric Bentley reports that when he first received the manuscript of *Der gute Mensch* in 1945, it had no epilogue. This Brecht added following what he took to be mis-understandings of the Vienna première in 1946.[28] Without the epilogue the play had been interpreted as a denial of all possibility of goodness: 'Güte, analytisch erzeugt, erklärt, verneint, am Ende abgewürgt.'[29] It seems, then, that Brecht intended that the epilogue should provide a more positive conclusion in the form of a challenge to the audience to put matters right themselves. Yet it is also apparent that even with the addition of the epilogue Brecht has still deliberately left his play open-ended and bereft of a simple, clearly defined solution. The world in which Shen Te's goodness will be practicable is apparently one in which the lot of the poor is radically improved, social injustices have been eradicated and economic processes are planned along rationally con-ceived and humanitarian lines. But the precise nature of the new order that is to replace the old is not indicated. Likewise the method by which it is to be achieved has not been defined, and the sentiments of the epilogue emphasize the difficulty, rather than the simplicity of finding a solution. This may be suggestive of a growing uncertainty on Brecht's part, as he became less committed to Marxist communism in his mature years. It is also apparent that he was becoming more interested in wider ethical problems which brook no easy solutions. The nub of the difficulty may be that a solution which is essentially 'material' is being sought to a *moral* problem. This problem is introduced into the play by the figures of the three gods.

ETHICAL ISSUES AND THE PROBLEM OF THE GODS

Brecht's subtitle to the play, *Parabelstück*, prepares the audience for one of its most striking features, the religious framework within which the story of Shen Te is set. Traditionally a parable is an analogous or illustrative form presenting a fictitious narrative with universal or, more specifically, moral implications, and which is normally religious in content because religion is the source or basis of most moral codes. The parables most familiar to us are those of the New Testament, which demonstrate those virtues which constitute the ethical basis of Christianity. In Brecht's *Parabelstück* the specifically moral implications of the action are suggested by the appearances of the gods who have come to Sezuan in search of 'gute Menschen'. The gods appear in the *Vorspiel*, in various *Zwischenspiele*, and eventually as judges in the final court scene, thus providing frequent reminders of the religious framework. The interplay of the two actions, involving the gods on the one hand, and Shen Te on the other engenders a critical attitude on the part of the audience, as the values and statements of the gods are set against the audience's awareness of Shen Te's experiences and actions. Brecht's play represents a radical revision of the basis of the traditional parable which investigates the relationship between divine precepts and the reality of the human sphere. Instead of setting forth traditional virtues and standards to be emulated by human beings, Brecht's *Parabelstück* raises the question as to whether 'goodness', as understood by the gods, is possible at all in the society in which Shen Te lives. The value sought and prescribed by the gods becomes problematic in itself, and the gods become objects of scrutiny, criticism, even of ridicule.

The gods come to Sezuan at a time of great poverty and are eagerly awaited as the only source of help. Yet it is not long before we see that they are incapable of giving practical assistance. The world is in the hands of its own engineers and economists. Far from being omnipotent, the gods' powers are strictly limited. Moreover their stated aim is not to improve Man's material lot, but to seek good people. If sufficient good people can be found, then the world 'kann bleiben, wie sie ist' (p. 50). The implications of the discrepancy between the world's needs and the gods' stated purpose are far-reaching. Most obviously they are simply evading the issue of Man's material distress, but their search for good people also seems to be connected with an actual desire on their part *not* to change the economic situation. If they can find a good person, then they can claim that the current situation is acceptable. The events of the play are designed to show that these two aims are mutually exclusive, for we discover that goodness is impossible *unless* economic realities are changed.

Brecht's dramatic presentation of the gods also casts doubt on their ability to live up to men's expectations of them, for they are cast in a human rather than divine mould. They are amiable and humble creatures (they are not above attending to Wang's water-carrier for him), they are well-fed and comfort-loving (with a human dislike for spiders), and they catch cold and sleep badly in inadequate accommodation. In the 1976 production in Zurich, Manfred Wekwerth had his gods emerge from the audience (rather than descend from the heavens), and their vain but persistent attempts to find goodness in an unsympathetic world were treated comically.[30] An indication of the weakness of their situation is provided by the attitude to them of the majority of the characters. Far from being overawed by their presence in Sezuan, people are generally scornful of their request for a night's lodging, and the second god sadly draws the obvious conclusion: 'Es gibt keinen Gottesfürchtigen mehr' (p. 50). Subsequently we learn that the rich are refusing them entry and directing them to the homes of the poor. The implications are inescapable: religious faith, if it is to be found at all, now resides solely amongst the humble and lowly. The wealthy and powerful no longer have the need for such sentiments: the gods are being banished from the world and from human consciousness.

One who still possesses the semblance of religious faith is Wang, who approaches the gods in an obsequious fashion as he would his social superiors. His chief concern is to secure for them their accommodation, and to convince them of the people's good intentions. Wang's faith is based on the naïve assumption that the gods are really there to help him and his kind, in effect, then, on self-interest and is little more than skin-deep. When he perceives the unfortunate results of Shen Te's efforts to adhere to the gods' precepts, he tries to persuade them to modify their conditions, and displays glimmerings of religious scepticism, the implications of which he is himself too naïve to understand (pp. 145–6). Wang's faith is simple, mechanical, essentially unquestioning, and ultimately unproductive and misplaced, for the gods' search for a good person is not connected with any intention of *helping* the poor, but, on the contrary, with a desire to let the world continue on its present course.

That this is the case is apparent from the gods' own description of goodness in the 'Vorspiel'. They provide no detailed criteria, mentioning only that they are looking for people 'die ein menschenwürdiges Dasein leben können', and 'in der Lage sind, unsere Gebote zu halten' (pp. 50, 51), people, it seems, who lead decent, dignified lives.

Interestingly it is Shen Te who specifies the precepts (the 'Gebote'), and not the gods themselves. She mentions virtues traditionally associated with the Christian ethic such as 'Kindesliebe', 'Wahrhaftigkeit' and 'Nicht begehren meines Nächsten Haus' (p. 56). But in the 1976 Zurich production Renate Richter spoke these lines mechanically, suggesting that these virtues had been drilled into her as a child, and had no real significance.[31] In the world inhabited by Shen Te they cannot be practised, as she herself admits, and so amount to little more than empty catch-phrases. When she offers the gods accommodation she does so not through any conscious desire to unhold the precepts, and certainly not from deeply-held religious convictions, but simply out of a natural willingness to help. In any case her lowly life as a prostitute scarcely ranks as a 'menschenwürdiges Dasein' and given her economic situation, she is hardly 'in der Lage, die Gebote zu halten'. Shen Te is instinctively good, but because of the nature of society and of her position in it, she cannot live up to the gods' requirements. When she explains her economic difficulties, the gods give her money to make things easier for her. In effect, then, they unwittingly set her up as an artificial, exceptional case. Even before the action begins, the gods thus appear to be guilty of faulty judgement and of manipulating the situation to their own advantage.

As Shen Te finds it increasingly difficult to maintain her goodness, the gods either fail to see or deliberately close their eyes to reality. When Wang explains that her good deeds are costing her too much money and that Shui Ta has had to intervene, they are angry, and then evasive, professing to know nothing of economics or business procedures. Only the third god appears in his embarrassment to have some dim awareness that they are being too demanding, but makes no attempt to influence the others, who express petulant annoyance that Shen Te appears to be failing them (p. 92). Subsequently the third god is again concerned at Shen Te's plight, and has vaguely perceived that people with potentially good qualities ('halbwegs gute Menschen') cannot lead decent, dignified lives ('menschenwürdig leben'), but fails to develop the right conclusions, and joins the others in an exchange of platitudes (pp. 131–2). But his observation is later repeated by the first god: 'Wenig Gute fanden wir, und wenn wir welche fanden, lebten sie nicht menschenwürdig.' (p. 165) Far from having their original assumption confirmed, namely that good people would be found amongst the comfortably off, they have discovered that goodness *precludes* economic well-being (and vice-versa). Thus they do achieve a measure of insight into the situation, that the world is full of 'Elend,

Niedrigkeit und Abfall', that their precepts are destructive and irrelevant to the world's situation: 'Die Leute haben genug zu tun, nur das nackte Leben zu retten. Gute Vorsätze bringen sie an den Rand des Abgrunds, gute Taten stürzen sie hinab.' (p. 166) Yet when Shen Te confirms these views in the court scene, they refuse either to consider a revision of their precepts, or to accept that changes are needed in the world: 'Sollen wir eingestehen, daß unsere Gebote tödlich sind? Sollen wir verzichten auf unsere Gebote? *Verbissen:* Niemals! Soll die Welt geändert werden? Wie? Von wem? Nein, es ist alles in Ordnung!' (p. 175). The gods eventually evade the issues, insisting that Shen Te remain a 'good person', yet permitting her to make use of Shui Ta 'once a month'. Thus they withdraw with benign indifference, leaving the world to its own devices, and Man's economic and moral salvation in his own hands. The court scene which began as an inquiry into the behaviour of Shui Ta has ended with an implied judgement on the gods.

Brecht does not introduce the gods in order to question the nature of any particular religious belief. True, there are echoes of Christianity in their precepts, but religious symbolism is in general being left deliberately vague. What is questioned is Man's own belief that the gods can offer practical assistance or a code of ethics on which society can be usefully founded. The poor and humble may look with hope to the gods, but there is no possibility of material help. Indeed the gods appear, in their desire to maintain the status quo, to serve the interests only of the rich and powerful. The departure of the gods at the conclusion also suggests that religious faith as a belief in a system of moral values is likewise bankrupt.

The function of the gods is to provide a play which is essentially a study of economic forces with a universal ethical context. The solution that a new world is needed appears on the face of it to be a simple one. Yet the desperation of Shen Te at the conclusion, the helplessness of the actor who speaks the final lines, and the absence of a positive, identifiable solution, whether Marxist or otherwise, only serve to underline the difficulty Man has in attempting to resolve his moral dilemma. There is no guarantee that any particular social or economic system, which may well improve Man's *material* well-being, will automatically ensure that goodness as a *value* will survive in it. Brecht's addition of the epilogue ensures that the play does not close in an atmosphere of total moral despair, and conveys his hope that a solution will be found. But at the play's conclusion it is still nowhere in sight.

NOTES TO THE INTRODUCTION

1 Siegfried Melchinger, 'Die Stadt Sezuan 1958', reprinted in Jan Knopf (ed.), *Brechts ,,Guter Mensch von Sezuan"*, *Materialien*, Suhrkamp, Frankfurt/M, 1982, pp. 177-83.
2 Thomas Halbe, 'Bertolt Brechts *Götterdämmerung*', reprinted in Knopf, *Materialien*, pp. 143-5.
3 Eberhard Fechner, 'Strehler inszeniert. *Der gute Mensch von Sezuan* am Piccolo Teatro 1958', reprinted in Knopf, *Materialien*, pp. 166-76.
4 Ernst Schuhmacher, 'Die Wahrheit über ungute Verhältnisse', reprinted in Knopf, *Materialien*, pp. 186-91.
5 Bertolt Brecht, *Aufstieg und Fall der Stadt Mahagonny, Stücke*, 3, Suhrkamp, Berlin/Frankfurt/M, 1964 p. 254.
6 Bertolt Brecht, *Die Dreigroschenoper*, edition suhrkamp, 5. Auflage, Frankfurt/M, 1970, pp. 43-4.
7 ibid., p. 59.
8 ibid., p. 69.
9 ibid., p. 70.
10 Knopf, *Materialien*, p. 111.
11 ibid., p. 112.
12 Bertolt Brecht, *Herr Puntila und sein Knecht Matti*, edition suhrkamp, 4. Auflage, Frankfurt/M, 1968, pp. 129-30.
13 ibid., p. 130.
14 Manfred Wekwerth, '*Der gute Mensch 1976*', reprinted in Knopf, *Materialien*, pp. 192-207.
15 *Arbeitsjournal*, Knopf, *Materialien*, p. 13.
16 ibid., p. 15.
17 ibid., p. 130.

18 Helmut Jendreiek, *Bertolt Brecht. Drama der Veränderung*, Bagel, Düsseldorf, 1969, p. 237.

19 Brecht *Die Dreigroschenoper*, p. 44.

20 Knopf, *Materialien*, p. 17.

21 Jan Knopf, *Bertolt Brecht: ,,Der gute Mensch von Sezuan". Grundlagen und Gedanken zum Verständnis des Dramas*, Diesterweg, Frankfurt/Berlin/München, 1982, p. 11. Hans Gehrke, *Bertolt Brecht: ,,Der gute Mensch von Sezuan", ,,Leben des Galilei", Analysen und Reflexionen*, 3, Beyer, Hollfeld/Ofr, 1973, p. 51.

22 Reprinted in Knopf, *Materialien*, pp. 24-6.

23 Knopf, *Materialien*, p. 127.

24 ibid., pp. 127-8. Also Knopf, *Grundlagen und Gedanken*, pp. 10-12.

25 Arnolt Bronnen, 'Am Beginn unseres Weges. . . .', reprinted in Knopf, *Materialien*, pp. 163-5.

26 Paul Kruntorad, 'Der gute alte Mensch in Mailand (1981)', reprinted in Knopf, *Materialien*, pp. 214-17.

27 See note 25.

28 In a note to his translation of the play, *The Good Woman of Sezuan*, in *Parables for the Theatre. Two Plays by Bertolt Brecht*, Penguin, Harmondsworth, 1966, p. 109.

29 Rudolf Holzer, *Die Presse*, Wien, 6/4/1946, reprinted in Knopf, *Grundlagen und Gedanken*, p. 56.

30 Gerold Koller, 'Parabolischer Realismus', reprinted in Knopf, *Materialien*, pp. 235-67.

31 ibid.

SELECT BIBLIOGRAPHY

GENERAL STUDIES

Bartram, Graham and Waine, Anthony (eds), *Brecht in Perspective*, Longman, London/New York, 1982.

Brustein, Robert, 'Bertolt Brecht', in Brustein R., *The Theatre of Revolt*, Methuen, London, 1965, pp. 229–78.

Dickson, Keith A., *Towards Utopia. A Study of Brecht*, Clarendon, Oxford, 1978.

Esslin, Martin, *Brecht: a Choice of Evils. A Critical Study of the Man, his Work and his Opinions*, Eyre & Spottiswoode, London, 1959.

Ewen, Frederic, *Bertolt Brecht: his Life, his Art and his Times*, Citadel Press, New York, 1967.

Gray, Ronald, *Brecht*, Oliver & Boyd, Edinburgh/London, 1961.

Gray, Ronald, *Brecht the Dramatist*, Cambridge University Press, Cambridge, 1976.

Hill, Claude, *Bertolt Brecht*, Twayne, Boston, 1975.

Jendreiek, Helmut, *Bertolt Brecht. Drama der Veränderung*, Bagel, Düsseldorf, 1969.

Lacqueur, Walter, *Weimar: A Cultural History 1918–1933*, Perigree, New York, 1974.

Morley, Michael, *Brecht: a Study*, Heinemann, London, 1977.

Völker, Klaus, *Bertolt Brecht: Eine Biographie*, Hanser, München/Wien, 1976.

White, Alfred D., *Bertolt Brecht's Great Plays*, Macmillan, London/Basingstoke, 1978.

Willett, John, *The Theatre of Bertolt Brecht. A Study from eight Aspects*, Methuen, London, 1959.

Willett, John (ed. and translator), *Brecht on Theatre. The Development of an Aesthetic*, Hill & Wang, New York, 1964.

STUDIES OF DER GUTE MENSCH VON SEZUAN

Bräutigam, Kurt, *Bertolt Brecht: ,,Der gute Mensch von Sezuan", Interpretationen zum Deutschunterricht*, Oldenbourg, München, 1966.

Gehrke, Hans, 'Das Parabelstück *Der gute Mensch von Sezuan*', in Gehrke H., *Bertolt Brecht: ,,Der gute Mensch von Sezuan", ,,Leben des Galilei", Analysen und Reflexionen*, 3, Beyer, Hollfeld/Ofr, 1973, pp. 26-56.

Geißler, Rolf, '*Der gute Mensch von Sezuan*', in Geißler R. (ed.), *Zur Interpretation des modernen Dramas. Brecht-Dürrenmatt-Frisch*, Diesterweg, Frankfurt/Berlin/München, 1981, pp. 39-49.

Grimm, Reinhold, 'Bertolt Brecht: *Der gute Mensch von Sezuan*', in Theo Buck (ed.), *Zu Bertolt Brecht, Parabel und Episches Theater, LGW-Interpretationen*, Stuttgart, 1979, pp. 161-7.

Hecht, Werner (ed.), *Materialien zu Brechts ,,Der gute Mensch von Sezuan"*, edition suhrkamp, Frankfurt/M, 1968.

Jendreiek, Helmut, '*Der gute Mensch von Sezuan*', in Jendreiek, H., *Bertolt Brecht. Drama der Veränderung*, Bagel, Düsseldorf, 1969, pp. 209-47.

Jusowski, Josef, 'Brecht und sein guter Mensch', *Sinn und Form*, 9, 1957, pp. 204-13.

Knopf, Jan (ed.), *Brechts ,,Guter Mensch von Sezuan", Materialien*, Suhrkamp, Frankfurt/M, 1982.

Knopf, Jan, *Bertolt Brecht: ,,Der gute Mensch von Sezuan", Grundlagen und Gedanken zum Verständnis des Dramas*, Diesterweg, Frankfurt/Berlin/München, 1982.

Loeb, Ernst, '*No Exit* and Brecht's *The Good Woman of Sezuan*. A Comparison', *Modern Language Quarterly*, 22, 1961, pp. 283-91.

McLean, Sammy, 'Messianism in *Der gute Mensch von Sezuan* and *Der kaukasische Kreidekreis*', *Seminar*, 14, 1978, pp. 268-84.

Rippley La Vern, J., 'Parody in Brecht's *Good Woman*', *Germanic Notes*, 1, 1970, pp. 58-61.

Sokel, W.H., 'Brecht's split characters and his sense of the Tragic', in *Brecht. A Collection of Critical Essays*, Peter Demetz (ed.), Prentice Hall, Englewood Cliffs/N.J., 1962, pp. 127-37.

TRANSLATIONS

Brecht, Bertolt, *The Good Person of Sezuan*, translated by John Willett, Eyre Methuen, London, 1965.

The Good Woman of Sezuan, in *Parables for the Theatre. Two Plays by Bertolt Brecht*, translated by Eric Bentley, Penguin, Harmondsworth, 1966, pp. 19–109.

DER GUTE MENSCH
VON SEZUAN

PARABELSTÜCK

PERSONEN

Wang, ein Wasserverkäufer
Die drei Götter
Shen Te/Shui Ta
Yang Sun, ein stellungsloser Flieger
Frau Yang, seine Mutter
Die Witwe Shin
Die achtköpfige Familie
Der Schreiner Lin To
Die Hausbesitzerin Mi Tzü
Der Polizist
Der Teppichhändler und seine Frau
Die alte Prostituierte
Der Barbier Shu Fu
Der Bonze
Der Arbeitslose
Der Kellner
Die Passanten des Vorspiels

Schauplatz
Die Hauptstadt von Sezuan, welche halb europäisiert ist*

Die Provinz Sezuan der Parabel, die für alle Orte stand, an
denen Menschen von Menschen ausgebeutet werden, gehört
heute nicht mehr zu diesen Orten.

VORSPIEL

Eine Straße in der Hauptstadt von Sezuan

Es ist Abend. Wang, der Wasserverkäufer, stellt sich dem Publikum vor.

WANG: Ich bin Wasserverkäufer hier in der Hauptstadt von Sezuan. Mein Geschäft ist mühselig. Wenn es wenig Wasser gibt, muß ich weit danach laufen. Und gibt es viel, bin ich ohne Verdienst. Aber in unserer Provinz herrscht überhaupt große Armut. Es heißt allgemein, daß uns nur noch die Götter helfen können. Zu meiner unaussprechlichen Freude erfahre ich von einem Vieheinkäufer, der viel herumkommt, daß einige der höchsten Götter schon unterwegs sind und auch hier in Sezuan erwartet werden dürfen.* Der Himmel soll sehr beunruhigt sein wegen der vielen Klagen, die zu ihm aufsteigen. Seit drei Tagen warte ich hier am Eingang der Stadt, besonders gegen Abend, damit ich sie als erster begrüßen kann.* Später hätte ich ja dazu wohl kaum mehr Gelegenheit, sie werden von Hochgestellten umgeben sein und überhaupt stark überlaufen werden. Wenn ich sie nur erkenne! Sie müssen ja nicht zusammen kommen. Vielleicht kommen sie einzeln, damit sie nicht so auffallen. Die dort können es nicht sein,

die kommen von der Arbeit. *Er betrachtet vorüber-
gehende Arbeiter.* Ihre Schultern sind ganz eingedrückt
vom Lastentragen. Der dort ist auch ganz unmöglich ein
Gott, er hat Tinte an den Fingern. Das ist höchstens ein
Büroangestellter in einer Zementfabrik. Nicht einmal
diese Herren dort – *zwei Herren gehen vorüber –*
kommen mir wie Götter vor, sie haben einen brutalen
Ausdruck wie Leute, die viel prügeln, und das haben die
Götter nicht nötig.* Aber dort, diese drei! Mit denen sieht
es schon ganz anders aus. Sie sind wohlgenährt, weisen
kein Zeichen irgendeiner Beschäftigung auf und haben
Staub auf den Schuhen, kommen also von weit her. Das
sind sie! Verfügt über mich,* Erleuchtete! *Er wirft sich zu
Boden.*

DER ERSTE GOTT: *erfreut:* Werden wir hier erwartet?

WANG: *gibt ihnen zu trinken:* Seit langem. Aber nur ich
wußte, daß ihr kommt.

DER ERSTE GOTT: Da benötigen wir also für heute Nacht ein
Quartier. Weißt du eines?

WANG: Eines? Unzählige! Die Stadt steht zu euren Diensten,
o Erleuchtete! Wo wünscht ihr zu wohnen?
Die Götter sehen einander vielsagend an.

DER ERSTE GOTT: Nimm das nächste Haus, mein Sohn!
Versuch es zunächst mit dem allernächsten!

WANG: Ich habe nur etwas Sorge, daß ich mir die Feindschaft
der Mächtigen zuziehe, wenn ich einen von ihnen
besonders bevorzuge.

DER ERSTE GOTT: Da befehlen wir dir eben: nimm den
nächsten!

WANG: Das ist der Herr Fo dort drüben! Geduldet euch einen
Augenblick!
*Er läuft zu einem Haus und schlägt an die Tür. Sie wird
geöffnet, aber man sieht, er wird abgewiesen. Er kommt
zögernd zurück.*

Das ist dumm. Der Herr Fo ist gerade nicht zu Hause, und seine Dienerschaft wagt nichts ohne seinen Befehl zu tun, da er sehr streng ist. Er wird nicht wenig toben, wenn er erfährt, wen man ihm da abgewiesen hat, wie?

DIE GÖTTER: *lächelnd*:* Sicher.

WANG: Also noch einen Augenblick! Das Haus nebenan gehört der Witwe Su. Sie wird außer sich sein vor Freude. *Er läuft hin, wird aber anscheinend auch dort abgewiesen.* Ich muß dort drüben nachfragen. Sie sagt, sie hat nur ein kleines Zimmerchen, das nicht instandgesetzt ist. Ich wende mich sofort an Herrn Tscheng.

DER ZWEITE GOTT: Aber ein kleines Zimmer genügt uns. Sag, wir kommen.

WANG: Auch wenn es nicht aufgeräumt ist? Vielleicht wimmelt es von Spinnen.

DER ZWEITE GOTT: Das macht nichts. Wo Spinnen sind, gibt's wenig Fliegen.

DER DRITTE GOTT: *freundlich zu Wang:* Geh zu Herrn Tscheng oder sonstwohin, mein Sohn, ich ekle mich vor Spinnen doch ein wenig. *Wang klopft wieder wo an und wird eingelassen.*

STIMME AUS DEM HAUS: Verschone uns mit deinen Göttern! Wir haben andere Sorgen!

WANG: *zurück zu den Göttern:* Herr Tscheng ist außer sich, er hat das ganze Haus voll Verwandtschaft und wagt nicht, euch unter die Augen zu treten, Erleuchtete. Unter uns, ich glaube, es sind böse Menschen darunter, die er euch nicht zeigen will. Er hat zu große Furcht vor eurem Urteil. Das ist es.

DER DRITTE GOTT: Sind wir denn so fürchterlich?

WANG: Nur gegen die bösen Menschen, nicht wahr? Man weiß doch, daß die Provinz Kwan* seit Jahrzehnten von Überschwemmungen heimgesucht wird.

DER ZWEITE GOTT: So? Und warum das?

WANG: Nun, weil dort keine Gottesfurcht herrscht.

DER ZWEITE GOTT: Unsinn! Weil sie den Staudamm verfallen ließen.*

DER ERSTE GOTT: Ssst! *Zu Wang:* Hoffst du noch, mein Sohn?

WANG: Wie kannst du so etwas fragen? Ich brauche nur ein Haus weiter zu gehen und kann mir ein Quartier für euch aussuchen. Alle Finger leckt man sich danach, euch zu bewirten. Unglückliche Zufälle, ihr versteht.* Ich laufe! *Er geht zögernd weg und bleibt unschlüssig in der Straße stehen.*

DER ZWEITE GOTT: Was habe ich gesagt?

DER DRITTE GOTT: Es können immer noch Zufälle sein.

DER ZWEITE GOTT: Zufälle in Schun*, Zufälle in Kwan und Zufälle in Sezuan! Es gibt keinen Gottesfürchtigen mehr, das ist die nackte Wahrheit, der ihr nicht ins Gesicht schauen wollt. Unsere Mission ist gescheitert, gebt es euch zu!

DER ERSTE GOTT: Wir können immer noch gute Menschen finden, jeden Augenblick. Wir dürfen es uns nicht zu leicht machen.*

DER DRITTE GOTT: In dem Beschluß hieß es: die Welt kann bleiben, wie sie ist, wenn genügend gute Menschen gefunden werden, die ein menschenwürdiges Dasein* leben können. Der Wasserverkäufer selber ist ein solcher Mensch, wenn mich nicht alles täuscht. *Er tritt zu Wang, der immer noch unschlüssig dasteht.*

DER ZWEITE GOTT: Es täuscht ihn alles. Als der Wassermensch uns aus seinem Maßbecher zu trinken gab, sah ich was. Dies ist der Becher. *Er zeigt ihn dem ersten Gott.*

DER ERSTE GOTT: Er hat zwei Böden.

DER ZWEITE GOTT: Ein Betrüger!

DER ERSTE GOTT: Schön, er fällt weg.* Aber was ist das schon, wenn einer angefault ist!* Wir werden schon genug finden, die den Bedingungen genügen. Wir müssen einen finden! Seit zweitausend Jahren geht dieses Geschrei, es gehe nicht weiter mit der Welt, so wie sie ist. Niemand auf ihr könne gut bleiben. Wir müssen jetzt endlich Leute namhaft machen, die in der Lage sind, unsere Gebote zu halten.

DER DRITTE GOTT: *zu Wang:* Vielleicht ist es zu schwierig, Obdach zu finden?

WANG: Nicht für euch! Wo denkt ihr hin?* Die Schuld, daß nicht gleich eines da ist, liegt an mir, der schlecht sucht.

DER DRITTE GOTT: Das bestimmt nicht. *Er geht zurück.*

WANG: Sie merken es schon. *Er spricht einen Herrn an:* Werter Herr, entschuldigen Sie, daß ich Sie anspreche, aber drei der höchsten Götter, von deren bevorstehender Ankunft ganz Sezuan schon seit Jahren spricht, sind nun wirklich eingetroffen und benötigen ein Quartier. Gehen Sie nicht weiter! Überzeugen Sie sich selber! Ein Blick genügt! Greifen Sie um Gottes willen zu! Es ist eine einmalige Gelegenheit! Bitten Sie die Götter zuerst unter Ihr Dach, bevor sie Ihnen jemand wegschnappt, sie werden zusagen.
Der Herr ist weitergegangen.
Wang wendet sich an einen anderen: Lieber Herr, Sie haben gehört, was los ist. Haben Sie vielleicht ein Quartier? Es müssen keine Palastzimmer sein. Die Gesinnung ist wichtiger.*

DER HERR: Wie soll ich wissen, was deine Götter für Götter sind? Wer weiß, wen man da unter sein Dach bekommt.
Er geht in einen Tabakladen. Wang läuft zurück zu den Dreien.

WANG: Ich habe schon einen Herrn, der bestimmt zusagt.
Er sieht seinen Becher auf dem Boden stehen, sieht verwirrt nach den Göttern, nimmt ihn an sich und läuft wieder zurück.

DER ERSTE GOTT: Das klingt nicht ermutigend.

WANG: *als der Mann wieder aus dem Laden herauskommt:* Wie ist es also mit der Unterkunft?

DER MANN: Woher weißt du, daß ich nicht selber im Gasthof wohne?

DER ERSTE GOTT: Er findet nichts. Dieses Sezuan können wir auch streichen.

WANG: Es sind drei der Hauptgötter! Wirklich! Ihre Standbilder in den Tempeln sind sehr gut getroffen. Wenn Sie schnell hingehen und sie einladen, werden sie vielleicht zusagen.

DER MANN: *lacht:* Das müssen schöne Gauner sein, die du da wo unterbringen willst. *Ab.*

WANG: *schimpft ihm nach:* Du schieläugiger Schieber!* Hast du keine Gottesfurcht? Ihr werdet in siedendem Pech braten für eure Gleichgültigkeit!* Die Götter scheißen auf euch! Aber ihr werdet es noch bereuen! Bis ins vierte Glied* werdet ihr daran abzuzahlen haben! Ihr habt ganz Sezuan mit Schmach bedeckt! *Pause.* Jetzt bleibt nur noch die Prostituierte Shen Te, die kann nicht nein sagen. *Er ruft:* »Shen Te«. *Oben im Fenster schaut Shen Te heraus.* Sie sind da, ich kann kein Obdach für sie finden. Kannst du sie nicht aufnehmen für eine Nacht?

SHEN TE: Ich glaube nicht, Wang. Ich erwarte einen Freier.* Aber wie kann denn das sein, daß du für sie kein Obdach findest?!

WANG: Das kann ich jetzt nicht sagen. Ganz Sezuan ist ein einziger Dreckhaufen.

SHEN TE: Ich müßte, wenn er kommt, mich versteckt halten. Dann ginge er vielleicht wieder weg. Er will mich noch ausführen.

WANG: Können wir nicht inzwischen schon hinauf?

SHEN TE: Aber ihr dürft nicht laut reden. Kann man mit ihnen offen sprechen?

WANG: Nein! Sie dürfen von deinem Gewerbe nichts

erfahren! Wir warten lieber unten. Aber du gehst nicht weg mit ihm?

SHEN TE: Es geht mir nicht gut,* und wenn ich bis morgen früh meine Miete nicht zusammen habe, werde ich hinausgeworfen.

WANG: In solch einem Augenblick darf man nicht rechnen.

SHEN TE: Ich weiß nicht, der Magen knurrt leider auch, wenn der Kaiser Geburtstag hat.* Aber gut, ich will sie aufnehmen.
Man sieht sie das Licht löschen.

DER ERSTE GOTT: Ich glaube, es ist aussichtslos.
Sie treten zu Wang.

WANG: *erschrickt, als er sie hinter sich stehen sieht:* Das Quartier ist beschafft. *Er trocknet sich den Schweiß ab.*

DIE GÖTTER: Ja? Dann wollen wir hingehen.

WANG: Es hat nicht solche Eile. Laßt euch ruhig Zeit. Das Zimmer wird noch in Ordnung gebracht.

DER DRITTE GOTT: So wollen wir uns hierhersetzen und warten.

WANG: Aber es ist viel zuviel Verkehr hier,* fürchte ich. Vielleicht gehen wir dort hinüber.

DER ZWEITE GOTT: Wir sehen uns gern Menschen an. Gerade dazu sind wir hier.

WANG: Nur: es zieht.

DER ZWEITE GOTT: Oh, wir sind abgehärtete Leute.

WANG: Aber vielleicht wünscht ihr, daß ich euch das nächtliche Sezuan zeige? Wir machen einen kleinen Spaziergang?

DER DRITTE GOTT: Wir sind heute schon ziemlich viel gegangen. *Lächelnd:* Aber wenn du willst, daß wir von hier weggehen, dann brauchst du es doch nur zu sagen.
Sie gehen zurück.
Ist es dir hier angenehm?

Sie setzen sich auf eine Haustreppe. Wang setzt sich etwas abseits auf den Boden.

WANG: *mit einem Anlauf:** Ihr wohnt bei einem alleinstehenden Mädchen. Sie ist der beste Mensch von Sezuan.

DER DRITTE GOTT: Das ist schön.

WANG: *zum Publikum:* Als ich vorhin den Becher aufhob, sahen sie mich so eigentümlich an. Sollten sie etwas gemerkt haben? Ich wage ihnen nicht mehr in die Augen zu blicken.

DER DRITTE GOTT: Du bist sehr erschöpft.

WANG: Ein wenig. Vom Laufen.

DER ERSTE GOTT: Haben es die Leute hier sehr schwer?

WANG: Die guten schon.

DER ERSTE GOTT: *ernst:* Du auch?

WANG: Ich weiß, was ihr meint. Ich bin nicht gut. Aber ich habe es auch nicht leicht.

Inzwischen ist ein Herr vor dem Haus Shen Te's erschienen und hat mehrmals gepfiffen. Wang ist jedesmal zusammengezuckt.

DER DRITTE GOTT: *leise zu Wang:* Ich glaube, jetzt ist er weggegangen.

WANG: *verwirrt:* Jawohl.

*Er steht auf und läuft auf den Platz, sein Traggerät** zurücklassend. Aber es hat sich bereits folgendes ereignet: Der wartende Mann ist weggegangen, und Shen Te, leise aus der Tür tretend und leise »Wang« rufend, ist, Wang suchend, die Straße hinuntergegangen. Als nun Wang leise »Shen Te« ruft, bekommt er keine Antwort.*

Sie hat mich im Stich gelassen. Sie ist weggegangen, um ihre Miete zusammenzubekommen, und ich habe kein Quartier für die Erleuchteten. Sie sind müde und warten. Ich kann ihnen nicht noch einmal kommen mit: Es ist nichts! Mein eigener Unterschlupf, ein Kanalrohr, kommt

nicht in Frage. Auch würden die Götter bestimmt nicht bei
einem Menschen wohnen wollen, dessen betrügerische
Geschäfte sie durchschaut haben. Ich gehe nicht zurück,
um nichts in der Welt. Aber mein Traggerät liegt dort.
Was machen? Ich wage nicht, es zu holen. Ich will
weggehen von der Hauptstadt und mich irgendwo verbergen vor ihren Augen, da es mir nicht gelungen ist, für
sie etwas zu tun, die ich verehre. *Er stürzt fort.*
*Kaum ist er fort, kommt Shen Te zurück, sucht auf der
anderen Seite und sieht die Götter.*

SHEN TE: Seid ihr die Erleuchteten? Mein Name ist Shen Te.
Ich würde mich freuen, wenn ihr mit meiner Kammer
vorlieb nehmen wolltet.

DER DRITTE GOTT: Aber wo ist denn der Wasserverkäufer
hin?

SHEN TE: Ich muß ihn verfehlt haben.

DER ERSTE GOTT: Er muß gemeint haben, du kämst nicht, und
da hat er sich nicht mehr zu uns getraut.

DER DRITTE GOTT: *nimmt das Traggerät auf:* Wir wollen es
bei dir einstellen. Er braucht es. *Sie gehen, von Shen Te
geführt, ins Haus.*
*Es wird dunkel und wieder hell. In der Morgendämmerung
treten die Götter aus der Tür, geführt von Shen Te, die
ihnen mit einer Lampe leuchtet. Sie verabschieden sich.*

DER ERSTE GOTT: Liebe Shen Te, wir danken dir für deine
Gastlichkeit. Wir werden nicht vergessen, daß du es warst,
die uns aufgenommen hat. Und gib dem Wasserverkäufer
sein Gerät zurück und sage ihm, daß wir auch ihm danken,
weil er uns einen guten Menschen gezeigt hat.

SHEN TE: Ich bin nicht gut. Ich muß euch ein Geständnis
machen: als Wang mich für euch um Obdach anging,
schwankte ich.

DER ERSTE GOTT: Schwanken macht nichts, wenn man nur
siegt. Wisse, daß du uns mehr gabst als ein Nachtquartier.
Vielen, darunter sogar einigen von uns Göttern, sind

Zweifel aufgestiegen, ob es überhaupt noch gute Menschen
gibt. Hauptsächlich um dies festzustellen, haben wir
unsere Reise angetreten. Freudig setzen wir sie jetzt fort,
da wir einen schon gefunden haben. Auf Wiedersehen!

SHEN TE: Halt, Erleuchtete, ich bin gar nicht sicher, daß ich
gut bin. Ich möchte es wohl sein, nur, wie soll ich meine
Miete bezahlen? So will ich es euch denn gestehen: ich
verkaufe mich, um leben zu können, aber selbst damit
kann ich mich nicht durchbringen, da es so viele gibt, die
dies tun müssen. Ich bin zu allem bereit, aber wer ist das
nicht? Freilich würde ich glücklich sein, die Gebote halten
zu können der Kindesliebe und der Wahrhaftigkeit. Nicht
begehren meines Nächsten Haus, wäre mir eine Freude,
und einem Mann anhängen in Treue, wäre mir angenehm.
Auch ich möchte aus keinem meinen Nutzen ziehen und
den Hilflosen nicht berauben. Aber wie soll ich dies alles?
Selbst wenn ich einige Gebote nicht halte, kann ich kaum
durchkommen.

DER ERSTE GOTT: Dies alles, Shen Te, sind nichts als die
Zweifel eines guten Menschen.

DER DRITTE GOTT: Leb wohl, Shen Te! Grüße mir auch den
Wasserträger recht herzlich. Er war uns ein guter Freund.

DER ZWEITE GOTT: Ich   fürchte,   es   ist   ihm   schlecht
bekommen.*

DER DRITTE GOTT: Laß es dir gut gehen!

DER ERSTE GOTT: Vor allem sei gut, Shen Te! Leb wohl!
Sie wenden sich zum Gehen. Sie winken schon.

SHEN TE: *angstvoll:* Aber ich bin meiner nicht sicher,
Erleuchtete. Wie soll ich gut sein, wo alles so teuer ist?

DER ZWEITE GOTT: Da können wir leider nichts tun. In das
Wirtschaftliche können wir uns nicht mischen.

DER DRITTE GOTT: Halt! Wartet einen Augenblick! Wenn sie
etwas mehr hätte, könnte sie es vielleicht eher schaffen.*

DER ZWEITE GOTT: Wir   können   ihr   nichts   geben.   Das
könnten wir oben nicht verantworten.

DER ERSTE GOTT: Warum nicht?

Sie stecken die Köpfe zusammen und diskutieren aufgeregt.

Der erste Gott zu Shen Te, verlegen: Wir hören, du hast deine Miete nicht zusammen. Wir sind keine armen Leute und bezahlen natürlich unser Nachtlager! Hier! *Er gibt ihr Geld.* Sprich aber zu niemand darüber, daß wir bezahlten. Es könnte mißdeutet werden.

DER ZWEITE GOTT: Sehr.

DER DRITTE GOTT: Nein, das ist erlaubt. Wir können ruhig unser Nachtlager bezahlen. In dem Beschluß stand kein Wort dagegen. Also auf Wiedersehen!

Die Götter schnell ab.

1

Ein kleiner Tabakladen

Der Laden ist noch nicht ganz eingerichtet und noch nicht eröffnet.

SHEN TE: *zum Publikum:* Drei Tage ist es her, seit die Götter weggezogen sind. Sie sagten, sie wollten mir ihr Nachtlager bezahlen. Und als ich sah, was sie mir gegeben hatten, sah ich, daß es über tausend Silberdollar* waren. – Ich habe mir mit dem Geld einen Tabakladen gekauft. Gestern bin ich hier eingezogen, und ich hoffe, jetzt viel Gutes tun zu können. Da ist zum Beispiel die Frau Shin, die frühere Besitzerin des Ladens. Schon gestern kam sie und bat mich um Reis für ihre Kinder. Auch heute sehe ich sie wieder über den Platz kommen mit ihrem Topf.

Herein die Shin. Die Frauen verbeugen sich voreinander.
Guten Tag, Frau Shin.

DIE SHIN: Guten Tag, Fräulein Shen Te. Wie gefällt es Ihnen in Ihrem neuen Heim?

SHEN TE: Gut. Wie haben Ihre Kinder die Nacht zugebracht?

DIE SHIN: Ach, in einem fremden Haus, wenn man diese Baracke ein Haus nennen darf. Das Kleinste hustet schon.

SHEN TE: Das ist schlimm.

DIE SHIN: Sie wissen ja gar nicht, was schlimm ist, Ihnen geht es gut. Aber Sie werden noch allerhand Erfahrungen machen in dieser Bude. Dies ist ein Elendsviertel.

SHEN TE: Mittags kommen doch, wie Sie mir sagten, die Arbeiter aus der Zementfabrik?

DIE SHIN: Aber sonst kauft kein Mensch, nicht einmal die Nachbarschaft.

SHEN TE: Davon sagten Sie mir nichts, als Sie mir den Laden verkauften.

DIE SHIN: Machen Sie mir nur jetzt auch noch Vorwürfe! Zuerst rauben Sie mir und meinen Kindern das Heim und dann heißt es eine Bude und Elendsviertel. Das ist der Gipfel.* *Sie weint.*

SHEN TE: *schnell:* Ich hole Ihnen gleich den Reis.

DIE SHIN: Ich wollte Sie auch bitten, mir etwas Geld zu leihen.

SHEN TE: *während sie ihr den Reis in den Topf schüttet:* Das kann ich nicht. Ich habe doch noch nichts verkauft.

DIE SHIN: Ich brauche es aber. Von was soll ich leben? Sie haben mir alles weggenommen. Jetzt drehen Sie mir die Gurgel zu. Ich werde Ihnen meine Kinder vor die Schwelle setzen, Sie Halsabschneiderin! *Sie reißt ihr den Topf aus den Händen.*

SHEN TE: Seien Sie nicht so zornig! Sie schütten noch den Reis aus!
Herein ein ältliches Paar und ein schäbig gekleideter Mensch.

DIE FRAU: Ach, meine liebe Shen Te, wir haben gehört, daß es dir jetzt so gut geht. Du bist ja eine Geschäftsfrau geworden! Denk dir, wir sind eben ohne Bleibe. Unser Tabakladen ist eingegangen. Wir haben uns gefragt, ob wir nicht bei dir für eine Nacht unterkommen können. Du kennst meinen Neffen? Er ist mitgekommen, er trennt sich nie von uns.

DER NEFFE: *sich umschauend:* Hübscher Laden!

DIE SHIN: Was sind denn das für welche?*

SHEN TE: Als ich vom Land in die Stadt kam, waren sie meine ersten Wirtsleute. *Zum Publikum:* Als mein bißchen Geld ausging, hatten sie mich auf die Straße gesetzt.* Sie fürchten vielleicht, daß ich jetzt nein sage. Sie sind arm.

Sie sind ohne Obdach.
Sie sind ohne Freunde.
Sie brauchen jemand.
Wie könnte man da nein sagen?

Freundlich zu den Ankömmlingen: Seid willkommen! Ich will euch gern Obdach geben. Allerdings habe ich nur ein kleines Kämmerchen hinter dem Laden.

DER MANN: Das genügt uns. Mach dir keine Sorge.

DIE FRAU: *während Shen Te Tee bringt:* Wir lassen uns am besten hier hinten nieder, damit wir dir nicht im Weg sind. Du hast wohl einen Tabakladen in Erinnerung an dein erstes Heim gewählt? Wir werden dir einige Winke geben können. Das ist auch der Grund, warum wir zu dir kommen.

DIE SHIN: *höhnisch:* Hoffentlich kommen auch Kunden?

DIE FRAU: Das geht wohl auf uns?*

DER MANN: Psst! Da ist schon ein Kunde!
Ein abgerissener Mann tritt ein.

DER ABGERISSENE MANN: Entschuldigen Sie. Ich bin arbeitslos.
Die Shin lacht.

SHEN TE: Womit kann ich Ihnen dienen?

DER ARBEITSLOSE: Ich höre, Sie eröffnen morgen. Da dachte ich, beim Auspacken wird manchmal etwas beschädigt. Haben Sie eine Zigarette übrig?

DIE FRAU: Das ist stark, Tabak zu betteln! Wenn es noch Brot wäre!

DER ARBEITSLOSE: Brot ist teuer. Ein paar Züge aus einer Zigarette, und ich bin ein neuer Mensch. Ich bin so kaputt.

SHEN TE: *gibt ihm Zigaretten:* Das ist wichtig, ein neuer Mensch zu sein. Ich will meinen Laden mit Ihnen eröffnen, Sie werden mir Glück bringen.
Der Arbeitslose zündet sich schnell eine Zigarette an, inhaliert und geht hustend ab.

DIE FRAU: War das richtig, liebe Shen Te?

DIE SHIN: Wenn Sie den Laden so eröffnen, werden Sie ihn keine drei Tage haben.

DER MANN: Ich wette, er hatte noch Geld in der Tasche.

SHEN TE: Er sagte doch, daß er nichts hat.

DER NEFFE: Woher wissen Sie, daß er Sie nicht angelogen hat?

SHEN TE: *aufgebracht:* Woher weiß ich, daß er mich angelogen hat?

DIE FRAU: *kopfschüttelnd:* Sie kann nicht nein sagen! Du bist zu gut, Shen Te. Wenn du deinen Laden behalten willst, mußt du die eine oder andere Bitte abschlagen können.

DER MANN: Sag doch, er gehört dir nicht. Sag, er gehört einem Verwandten,* einem Vetter zum Beispiel, der von dir genaue Abrechnung verlangt. Kannst du das nicht?

DIE SHIN: Das könnte man, wenn man sich nicht immer als Wohltäterin aufspielen müßte.

SHEN TE: *lacht:* Schimpft nur! Ich werde euch gleich das Quartier aufsagen und den Reis werde ich zurückschütten!*

DIE FRAU: *entsetzt:* Ist der Reis auch von dir?

SHEN TE: *zum Publikum:*

Sie sind schlecht.
Sie sind niemandes Freund.
Sie gönnen keinem einen Topf Reis.
Sie brauchen alles selber.
Wer könnte sie schelten?

Herein ein kleiner Mann.

DIE SHIN: *sieht ihn an und bricht hastig auf:* Ich sehe morgen wieder her. *Ab.*

DER KLEINE MANN: *ruft ihr nach:* Halt, Frau Shin! Sie brauche ich gerade!

DIE FRAU: Kommt die regelmäßig? Hat sie denn einen Anspruch an dich?

SHEN TE: Sie hat keinen Anspruch, aber sie hat Hunger: das ist mehr.

DER KLEINE MANN: Die weiß, warum sie rennt. Sind Sie die neue Ladeninhaberin? Ach, Sie packen schon die Stellagen voll! Aber die gehören Ihnen nicht, Sie! Außer Sie bezahlen sie. Das Lumpenpack, das hier gesessen ist,* hat sie nicht bezahlt. *Zu den andern:* Ich bin nämlich der Schreiner.

SHEN TE: Aber ich dachte, das gehört zur Einrichtung, die ich bezahlt habe?

DER SCHREINER: Betrug! Alles Betrug! Sie stecken natürlich mit dieser Shin unter einer Decke!* Ich verlange meine 100 Silberdollar, so wahr ich Lin To heiße.

SHEN TE: Wie soll ich das bezahlen, ich habe kein Geld mehr.

DER SCHREINER: Dann lasse ich Sie einsteigern.* Sofort! Sie bezahlen sofort, oder ich lasse Sie einsteigern.

DER MANN: *soufliert Shen Te:* Vetter!

SHEN TE: Kann es nicht im nächsten Monat sein?

DER SCHREINER: *schreiend:* Nein!

SHEN TE: Seien Sie nicht hart, Herr Lin To. Ich kann nicht allen Forderungen sofort nachkommen.
Zum Publikum:

Ein wenig Nachsicht und die Kräfte verdoppeln sich.*
Sieh, der Karrengaul hält vor einem Grasbüschel:
Ein Durch-die-Finger-Sehen* und der Gaul zieht besser.
Noch im Juni ein wenig Geduld und der Baum
Beugt sich im August unter den Pfirsichen. Wie
Sollen wir zusammen leben ohne Geduld?
Mit einem kleinen Aufschub
Werden die weitesten Ziele erreicht.

Zum Schreiner: Nur ein Weilchen gedulden Sie sich, Herr Lin To!

DER SCHREINER: Und wer geduldet sich mit mir und mit meiner Familie? *Er rückt eine Stellage von der Wand, als wolle er sie mitnehmen.* Sie bezahlen, oder ich nehme die Stellagen mit!

DIE FRAU: Meine liebe Shen Te, warum übergibst du nicht deinem Vetter die Angelegenheit? *Zum Schreiner:* Schreiben Sie Ihre Forderung auf und Fräulein Shen Te's Vetter wird bezahlen.

DER SCHREINER: Solche Vettern kennt man!

DER NEFFE: Lach nicht so dumm! Ich kenne ihn persönlich.

DER MANN: Ein Mann wie ein Messer.

DER SCHREINER: Schön, er soll meine Rechnung haben.
Er kippt die Stellage um, setzt sich darauf und schreibt seine Rechnung.

DIE FRAU: *zu Shen Te:* Er wird dir das Hemd vom Leibe reißen* für seine paar Bretter, wenn ihm nicht Halt geboten wird. Erkenne nie eine Forderung an, berechtigt oder nicht, denn sofort wirst du überrannt mit Forderungen, berechtigt oder nicht. Wirf ein Stück Fleisch in eine Kehrrichttonne, und alle Schlachterhunde des Viertels beißen sich in deinem Hof. Wozu gibt's die Gerichte?

SHEN TE: Die Gerichte werden ihn nicht ernähren, wenn seine Arbeit es nicht tut. Er hat gearbeitet und will nicht leer ausgehen. Und er hat seine Familie. Es ist schlimm, daß ich ihn nicht bezahlen kann! Was werden die Götter sagen?

DER MANN: Du hast dein Teil getan, als du uns aufnahmst, das ist übergenug.
Herein ein hinkender Mann und eine schwangere Frau.

DER HINKENDE: *zum Paar:* Ach, hier seid ihr! Ihr seid ja saubere Verwandte! Uns einfach an der Straßenecke stehen zu lassen!

DIE FRAU: *verlegen zu Shen Te:* Das ist mein Bruder Wung und die Schwägerin. *Zu den beiden:* Schimpft nicht und setzt euch ruhig in die Ecke, damit ihr Fräulein Shen Te, unsere alte Freundin, nicht stört. *Zu Shen Te:* Ich glaube, wir müssen die beiden aufnehmen, da die Schwägerin im fünften Monat ist. Oder bist du nicht der Ansicht?

SHEN TE: Seid willkommen!

DIE FRAU: Bedankt euch. Schalen stehen dort hinten. *Zu Shen Te:* Die hätten überhaupt nicht gewußt, wohin. Gut, daß du den Laden hast!

SHEN TE: *lachend zum Publikum, Tee bringend:* Ja, gut, daß ich ihn habe!
Herein die Hausbesitzerin, Frau Mi Tzü, ein Formular in der Hand.

DIE HAUSBESITZERIN: Fräulein Shen Te, ich bin die Hausbesitzerin, Frau Mi Tzü. Ich hoffe, wir werden gut miteinander auskommen. Das ist ein Mietskontrakt. *Während Shen Te den Kontrakt durchliest:* Ein schöner Augenblick, die Eröffnung eines kleinen Geschäfts, nicht wahr, meine Herrschaften? *Sie schaut sich um.* Ein paar Lücken sind ja noch auf den Stellagen, aber es wird schon gehen. Einige Referenzen werden Sie mir wohl beibringen können?

SHEN TE: Ist das nötig?

DIE HAUSBESITZERIN: Aber ich weiß doch gar nicht, wer Sie sind.

DER MANN: Vielleicht könnten wir für Fräulein Shen Te bürgen?* Wir kennen sie, seit sie in die Stadt gekommen ist, und legen jederzeit die Hand für sie ins Feuer.

DIE HAUSBESITZERIN: Und wer sind Sie?

DER MANN: Ich bin der Tabakhändler Ma Fu.

DIE HAUSBESITZERIN: Wo ist Ihr Laden?

DER MANN: Im Augenblick habe ich keinen Laden. Sehen Sie, ich habe ihn eben verkauft.

DIE HAUSBESITZERIN: So. *Zu Shen Te:* Und sonst haben Sie niemand, bei dem ich über Sie Auskünfte einholen kann?

DIE FRAU: *souffliert:* Vetter! Vetter!

DIE HAUSBESITZERIN: Sie müssen doch jemand haben, der mir dafür Gewähr bietet, was ich ins Haus bekomme. Das ist ein respektables Haus, meine Liebe. Ohne das kann ich mit Ihnen überhaupt keinen Kontrakt abschließen.

SHEN TE: *langsam, mit niedergeschlagenen Augen:* Ich habe einen Vetter.*

DIE HAUSBESITZERIN: Ach, Sie haben einen Vetter. Am Platz? Da können wir doch gleich hingehen. Was ist er?

SHEN TE: Er wohnt nicht hier, sondern in einer anderen Stadt.

DIE FRAU: Sagtest du nicht in Schun?

SHEN TE: Herr. . . Shui Ta. In Schun!

DER MANN: Aber den kenne ich ja überhaupt! Ein Großer, Dürrer.

DER NEFFE: *zum Schreiner:* Sie haben doch auch mit Fräulein Shen Te's Vetter verhandelt! Über die Stellagen!

DER SCHREINER: *mürrisch:* Ich schreibe für ihn gerade die Rechnung aus. Da ist sie! *Er übergibt sie.* Morgen früh komme ich wieder! *Ab.*

DER NEFFE: *ruft ihm nach, auf die Hausbesitzerin schielend:* Seien Sie ganz ruhig, der Herr Vetter bezahlt es!

DIE HAUSBESITZERIN: *Shen Te scharf musternd:* Nun, es wird mich auch freuen, ihn kennenzulernen. Guten Abend, Fräulein. *Ab.*

DIE FRAU: *nach einer Pause:* Jetzt kommt alles auf!* Du kannst sicher sein, morgen früh weiß die Bescheid über dich.

DIE SCHWÄGERIN: *leise zum Neffen:* Das wird hier nicht lange dauern!
Herein ein Greis, geführt von einem Jungen.

DER JUNGE: *nach hinten:* Da sind sie.

DIE FRAU: Guten Tag, Großvater. *Zu Shen Te:* Der gute Alte! Er hat sich wohl um uns gesorgt. Und der Junge, ist er nicht groß geworden? Er frißt wie ein Scheunendrescher.* Wen habt ihr denn noch alles mit?

DER MANN: *hinausschauend:* Nur noch die Nichte.

DIE FRAU: *zu Shen Te:* Eine junge Verwandte vom Land.

Hoffentlich sind wir dir nicht zu viele. So viele waren wir noch nicht, als du bei uns wohntest, wie? Ja, wir sind immer mehr geworden. Je schlechter es ging, desto mehr wurden wir. Und je mehr wir wurden, desto schlechter ging es. Aber jetzt riegeln wir hier ab,* sonst gibt es keine Ruhe.

Sie sperrt die Türe zu, und alle setzen sich.

Die Hauptsache ist, daß wir dich nicht im Geschäft stören. Denn wovon soll sonst der Schornstein rauchen?* Wir haben uns das so gedacht: am Tag gehen die Jüngeren weg, und nur der Großvater, die Schwägerin und vielleicht ich bleiben. Die anderen sehen höchstens einmal oder zweimal herein untertags, nicht? Zündet die Lampe dort an und macht es euch gemütlich.

DER NEFFE: *humoristisch:* Wenn nur nicht der Vetter heut nacht hereinplatzt, der gestrenge Herr Shui Ta!

Die Schwägerin lacht.

DER BRUDER: *langt nach einer Zigarette:* Auf eine wird es wohl nicht ankommen!*

DER MANN: Sicher nicht.

Alle nehmen sich zu rauchen. Der Bruder reicht einen Krug Wein herum.

DER NEFFE: Der Vetter bezahlt es!

DER GROSSVATER: *ernst zu Shen Te:* Guten Tag!

Shen Te, verwirrt durch die späte Begrüßung, verbeugt sich. Sie hat in der einen Hand die Rechnung des Schreiners, in der andern den Mietskontrakt.

DIE FRAU: Könnt ihr nicht etwas singen, damit die Gastgeberin etwas Unterhaltung hat?

DER NEFFE: Der Großvater fängt an!

Sie singen:

»DAS LIED VOM RAUCH«*

DER GROSSVATER:

Einstmals, vor* das Alter meine Haare bleichte
Hofft' mit Klugheit ich mich durchzuschlagen.

Heute weiß ich, keine Klugheit reichte
Je, zu füllen eines armen Mannes Magen.
  Darum sagt' ich: laß es!
  Sieh den grauen Rauch
  Der in immer kältre Kälten geht: so
  Gehst du auch.

DER MANN:

Sah den Redlichen, den Fleißigen geschunden
So versucht' ich's mit dem krummen Pfad.*
Doch auch der führt unsereinen nur nach unten
Und so weiß ich mir halt fürder keinen Rat.
  Und so sag ich: laß es!
  Sieh den grauen Rauch
  Der in immer kältre Kälten geht: so   .
  Gehst du auch.

DIE NICHTE:

Die da alt sind, hör ich, haben nichts zu hoffen
Denn nur Zeit schafft's, und an Zeit gebricht's.
Doch uns Jungen, hör ich, steht das Tor weit offen
Freilich, hör ich, steht es offen nur ins Nichts.
  Und auch ich sag: laß es!
  Sieh den grauen Rauch
  Der in immer kältre Kälten geht: so
  Gehst du auch.

DER NEFFE: Woher hast du den Wein?

DIE SCHWÄGERIN: Er hat den Sack mit Tabak versetzt.

DER MANN: Was? Dieser Tabak war das einzige, das uns
noch blieb! Nicht einmal für ein Nachtlager haben wir ihn
angegriffen!* Du Schwein!

DER BRUDER: Nennst du mich ein Schwein, weil es meine
Frau friert? Und hast selber getrunken? Gib sofort den
Krug her!
Sie raufen sich. Die Tabakstellagen stürzen um.

SHEN TE: *beschwört sie:* Oh, schont den Laden, zerstört

nicht alles! Er ist ein Geschenk der Götter! Nehmt euch,
was da ist, aber zerstört es nicht!

DIE FRAU: *skeptisch:* Der Laden ist kleiner, als ich dachte.
Wir hätten vielleicht doch nicht der Tante und den andern
davon erzählen sollen. Wenn sie auch noch kommen, wird
es eng hier.

DIE SCHWÄGERIN: Die Gastgeberin ist auch schon ein wenig
kühler geworden!
*Von draußen kommen Stimmen, und es wird an die Tür
geklopft.*

RUFE: Macht auf! – Wir sind es!

DIE FRAU: Bist du es, Tante? Was machen wir da?

SHEN TE: Mein schöner Laden! O Hoffnung! Kaum eröffnet,
ist er schon kein Laden mehr! *Zum Publikum:*
Der Rettung kleiner Nachen
Wird sofort in die Tiefe gezogen:
Zu viele Versinkende
Greifen gierig nach ihm.*

RUFE: *von draußen:* Macht auf!

ZWISCHENSPIEL
UNTER EINER BRÜCKE

Am Fluß kauert der Wasserverkäufer.

WANG: *sich umblickend:* Alles ruhig. Seit vier Tagen verberge ich mich jetzt schon. Sie können mich nicht finden, da ich die Augen offen halte. Ich bin absichtlich entlang ihrer Wegrichtung geflohen. Am zweiten Tage haben sie die Brücke passiert, ich hörte ihre Schritte über mir. Jetzt müssen sie schon weit weg sein, ich bin vor ihnen sicher.
Er hat sich zurückgelegt und schläft ein. Musik. Die Böschung wird durchsichtig, und es erscheinen die Götter. Wang hebt den Arm vors Gesicht, als sollte er geschlagen werden: Sagt nichts, ich weiß alles! Ich habe niemand gefunden, der euch aufnehmen will, in keinem Haus! Jetzt wißt ihr es! Jetzt geht weiter!

DER ERSTE GOTT: Doch, du hast jemand gefunden. Als du weg warst, kam er. Er nahm uns auf für die Nacht, er behütete unseren Schlaf, und er leuchtete uns mit einer Lampe am Morgen, als wir ihn verließen. Du aber hast ihn uns genannt als einen guten Menschen, und er war gut.*

WANG: So war es Shen Te, die euch aufnahm?

DER DRITTE GOTT: Natürlich.

WANG: Und ich Kleingläubiger* bin fortgelaufen! Nur weil
ich dachte: sie kann nicht kommen. Da es ihr schlecht
geht, kann sie nicht kommen.

DIE GÖTTER:
O du schwacher
Gut gesinnter, aber schwacher Mensch!
Wo da Not ist, denkt er, gibt es keine Güte!
Wo Gefahr ist, denkt er, gibt es keine Tapferkeit!
O Schwäche, die an nichts ein gutes Haar läßt!*
O schnelles Urteil! O leichtfertige Verzweiflung!

WANG: Ich schäme mich sehr, Erleuchtete!

DER ERSTE GOTT: Und jetzt, Wasserverkäufer, tu uns den
Gefallen und geh schnell zurück nach der Hauptstadt und
sieh nach der guten Shen Te dort, damit du uns von ihr
berichten kannst. Es geht ihr jetzt gut. Sie soll das Geld zu
einem kleinen Laden bekommen haben,* so daß sie dem
Zug ihres milden Herzens ganz folgen kann. Bezeig du
Interesse an ihrer Güte, denn keiner kann lang gut sein,
wenn nicht Güte verlangt wird. Wir aber wollen weiter
wandern und suchen und noch andere Menschen finden,
die unserem guten Menschen von Sezuan gleichen, damit
das Gerede aufhört, daß es für die Guten auf unserer Erde
nicht mehr zu leben ist.
Sie verschwinden.

2

Der Tabakladen

Überall schlafende Leute. Die Lampe brennt noch. Es klopft.

DIE FRAU: *erhebt sich schlaftrunken:* Shen Te! Es klopft! Wo ist sie denn?

DER NEFFE: Sie holt wohl Frühstück. Der Herr Vetter bezahlt es!
Die Frau lacht und schlurft zur Tür. Herein ein junger Herr, hinter ihm der Schreiner.

DER JUNGE HERR: Ich bin der Vetter.

DIE FRAU: *aus den Wolken fallend:* * Was sind Sie?

DER JUNGE HERR: Mein Name ist Shui Ta.

DIE GÄSTE: *sich gegenseitig aufrüttelnd:* Der Vetter! – Aber das war doch ein Witz, sie hat ja gar keinen Vetter! – Aber hier ist jemand, der sagt, er ist der Vetter! – Unglaublich, so früh am Tag!

DER NEFFE: Wenn Sie der Vetter der Gastgeberin sind, Herr, dann schaffen Sie uns schleunigst etwas zum Frühstück!

SHUI TA: *die Lampe auslöschend:* Die ersten Kunden kommen bald, bitte, ziehen Sie sich schnell an, daß ich meinen Laden aufmachen kann.

DER MANN: Ihren Laden? Ich denke, das ist der Laden unserer Freundin Shen Te? *Shui Ta schüttelt den Kopf.* Was, das ist gar nicht ihr Laden?

DIE SCHWÄGERIN: Da hat sie uns also angeschmiert! Wo steckt sie überhaupt?*

SHUI TA: Sie ist abgehalten. Sie läßt Ihnen sagen, daß sie nunmehr, nachdem ich da bin, nichts mehr für Sie tun kann.

DIE FRAU: *erschüttert:* Und wir hielten sie für einen guten Menschen!

DER NEFFE: Glaubt ihm nicht! Sucht sie!

DER MANN: Ja, das wollen wir. *Er organisiert:* Du und du und du und du, ihr sucht sie überall. Wir und Großvater bleiben hier, die Festung zu halten. Der Junge kann inzwischen etwas zum Essen besorgen. *Zum Jungen:* Siehst du den Kuchenbäcker* dort am Eck? Schleich dich hin und stopf dir die Bluse voll.

DIE SCHWÄGERIN: Nimm auch ein paar von den kleinen hellen Kuchen!

DER MANN: Aber gib acht, daß der Bäcker dich nicht erwischt. Und komm dem Polizisten nicht in die Quere!*
Der Junge nickt und geht weg. Die übrigen ziehen sich vollends an.

SHUI TA: Wird ein Kuchendiebstahl nicht diesen Laden, der Ihnen Zuflucht gewährt hat, in schlechten Ruf bringen?

DER NEFFE: Kümmert euch nicht um ihn, wir werden sie schnell gefunden haben. Sie wird ihm schön heimleuchten.*
Der Neffe, der Bruder, die Schwägerin und die Nichte ab.

DIE SCHWÄGERIN: *im Abgehen:* Laßt uns etwas übrig vom Frühstück!

SHUI TA: *ruhig:* Sie werden sie nicht finden. Meine Kusine bedauert natürlich, das Gebot der Gastfreundschaft nicht auf unbegrenzte Zeit befolgen zu können. Aber Sie sind leider zu viele! Dies hier ist ein Tabakladen, und Fräulein Shen Te lebt davon.

DER MANN: Unsere Shen Te würde so etwas überhaupt nicht über die Lippen bringen.

SHUI TA: Sie haben vielleicht recht. *Zum Schreiner:* Das Unglück besteht darin, daß die Not in dieser Stadt zu groß ist, als daß ein einzelner Mensch ihr steuern könnte.* Darin hat sich betrüblicherweise nichts geändert in den elfhundert Jahren, seit jemand den Vierzeiler verfaßte:

Der Gouvernör, befragt, was nötig wäre
Den Frierenden der Stadt zu helfen, antwortete:
Eine zehntausend Fuß lange Decke
Welche die ganzen Vorstädte einfach zudeckt.*

Er macht sich daran, den Laden aufzuräumen.

DER SCHREINER: Ich sehe, daß Sie sich bemühen, die Ange-
legenheiten Ihrer Kusine zu ordnen. Da ist eine kleine
Schuld für die Stellagen zu begleichen, anerkannt vor
Zeugen. 100 Silberdollar.

SHUI TA: *die Rechnung aus der Tasche ziehend, nicht
unfreundlich:* Glauben Sie nicht, daß 100 Silberdollar
etwas zu viel sind?

DER SCHREINER: Nein. Ich kann auch nichts ablassen. Ich
habe Frau und Kinder zu ernähren.

SHUI TA: *hart:* Wie viele Kinder?

DER SCHREINER: Vier.

SHUI TA: Dann biete ich Ihnen 20 Silberdollar.
Der Mann lacht.

DER SCHREINER: Sind Sie verrückt? Diese Stellagen sind aus
Nußbaum!

SHUI TA: Dann nehmen Sie sie weg.

DER SCHREINER: Was heißt das?

SHUI TA: Sie sind zu teuer für mich. Ich ersuche Sie, die
Nußbaumstellagen wegzunehmen.

DIE FRAU: Das ist gut gegeben!* *Sie lacht ebenfalls.*

DER SCHREINER: *unsicher:* Ich verlange, daß Fräulein Shen Te
geholt wird. Sie ist anscheinend ein besserer Mensch als
Sie.

SHUI TA: Gewiß. Sie ist ruiniert.

DER SCHREINER: *nimmt resolut eine Stellage und trägt sie zur
Tür:* Da können Sie Ihre Rauchwaren* ja auf dem Boden
aufstapeln! Mir kann es recht sein.*

SHUI TA: *zu dem Mann:* Helfen Sie ihm!

DER MANN: *packt ebenfalls eine Stellage und trägt sie grinsend zur Tür:* Also hinaus mit den Stellagen!

DER SCHREINER: Du Hund! Soll meine Familie verhungern?

SHUI TA: Ich biete Ihnen noch einmal 20 Silberdollar, da ich meine Rauchwaren nicht auf dem Boden aufstapeln will.

DER SCHREINER: 100!

Shui Ta schaut gleichmütig zum Fenster hinaus. Der Mann schickt sich an, die Stellage hinauszutragen.

Zerbrich sie wenigstens nicht am Türbalken, Idiot! *Verzweifelt:* Aber sie sind doch nach Maß gearbeitet!* Sie passen in dieses Loch und sonst nirgends hin.* Die Bretter sind verschnitten,* Herr!

SHUI TA: Eben. Darum biete ich Ihnen auch nur 20 Silberdollar. Weil die Bretter verschnitten sind.

Die Frau quietscht vor Vergnügen.

DER SCHREINER: *plötzlich müde:* Da kann ich nicht mehr mit.* Behalten Sie die Stellagen und bezahlen Sie, was Sie wollen.

SHUI TA: 20 Silberdollar.

Er legt zwei große Münzen auf den Tisch. Der Schreiner nimmt sie.

DER MANN: *die Stellagen zurücktragend:* Genug für einen Haufen verschnittener Bretter.

DER SCHREINER: Ja, genug vielleicht, mich zu betrinken! *Ab.*

DER MANN: Den haben wir draußen!

DIE FRAU: *sich die Lachtränen trocknend:* »Sie sind aus Nußbaum!« – »Nehmen Sie sie weg!« – »100 Silberdollar! Ich habe vier Kinder!« – »Dann zahle ich 20!« – »Aber sie sind doch verschnitten!« – »Eben! 20 Silberdollar« – So muß man diese Typen behandeln!*

SHUI TA: Ja. *Ernst:* Geht schnell weg.

DER MANN: Wir?

SHUI TA: Ja, ihr. Ihr seid Diebe und Schmarotzer. Wenn ihr

schnell geht, ohne Zeit mit Widerrede zu vergeuden, könnt ihr euch noch retten.

DER MANN: Es ist am besten, ihm gar nicht zu antworten. Nur nicht schreien mit nüchternem Magen.* Ich möcht wissen, wo bleibt der Junge?

SHUI TA: Ja, wo bleibt der Junge? Ich sagte euch vorhin, daß ich ihn nicht mit gestohlenem Kuchen in meinem Laden haben will. *Plötzlich schreiend:* Noch einmal: geht! *Sie bleiben sitzen.*
Shui Ta wieder ganz ruhig: Wie ihr wollt.
Er geht zur Tür und grüßt tief hinaus. * *In der Tür taucht ein Polizist auf.*
Ich vermute, ich habe den Beamten vor mir, der dieses Viertel betreut?

DER POLIZIST: Jawohl, Herr . . .

SHUI TA: Shui Ta. *Sie lächeln einander an.* Angenehmes Wetter heute!

DER POLIZIST: Nur ein wenig warm vielleicht.

SHUI TA: Vielleicht ein wenig warm.

DER MANN: *leise zu seiner Frau:* Wenn er quatscht, bis der Junge zurückkommt, sind wir geschnappt.*
Er versucht, Shui Ta heimlich ein Zeichen zu geben.

SHUI TA: *ohne es zu beachten:* Es macht einen Unterschied, ob man das Wetter in einem kühlen Lokal beurteilt oder auf der staubigen Straße.

DER POLIZIST: Einen großen Unterschied.

DIE FRAU: *zum Mann:* Sei ganz ruhig! Der Junge kommt nicht, wenn er den Polizisten in der Tür stehen sieht.

SHUI TA: Treten Sie doch ein. Es ist wirklich kühler hier. Meine Kusine und ich haben einen Laden eröffnet. Lassen Sie mich Ihnen sagen, daß wir den größten Wert darauf legen, mit der Behörde auf gutem Fuß zu stehen.*

DER POLIZIST: *tritt ein:* Sie sind sehr gütig, Herr Shui Ta. Ja, hier ist es wirklich kühl.

DER MANN: *leise:* Er nimmt ihn extra herein, damit der Junge ihn nicht stehen sieht.

SHUI TA: Gäste!* Entfernte Bekannte meiner Kusine, wie ich höre. Sie sind auf einer Reise begriffen. *Man verbeugt sich.* Wir waren eben dabei, uns zu verabschieden.

DER MANN: *heiser:* Ja, da gehen wir also.

SHUI TA: Ich werde meiner Kusine bestellen, daß Sie ihr für das Nachtquartier danken, aber keine Zeit hatten, auf ihre Rückkehr zu warten.
Von der Straße Lärm und Rufe: »Haltet den Dieb!«

DER POLIZIST: Was ist das?
In der Tür steht der Junge. Aus der Bluse fallen ihm Fladen und kleine Kuchen. Die Frau winkt ihm verzweifelt, er solle hinaus. Er wendet sich und will weg. Halt du! *Er faßt ihn.* Woher hast du die Kuchen?

DER JUNGE: Von da drüben.

DER POLIZIST: Oh! Diebstahl, wie?

DIE FRAU: Wir wußten nichts davon.* Der Junge hat es auf eigene Faust gemacht. Du Nichtsnutz!

DER POLIZIST: Herr Shui Ta, können Sie den Vorfall aufklären.
Shui Ta schweigt.
Aha. Ihr kommt alle auf die Wache.

SHUI TA: Ich bin außer mir, daß in meinem Lokal so etwas passieren konnte.

DIE FRAU: Er hat zugesehen, als der Junge wegging!

SHUI TA: Ich kann Ihnen versichern, Herr Polizist, daß ich Sie kaum hereingebeten hätte, wenn ich einen Diebstahl hätte decken wollen.

DER POLIZIST: Das ist klar. Sie werden also auch verstehen, Herr Shui Ta, daß es meine Pflicht ist, diese Leute abzuführen. *Shui Ta verbeugt sich.* Vorwärts mit euch! *Er treibt sie hinaus.*

DER GROSSVATER: *friedlich unter der Tür:* Guten Tag.

Alle außer Shui Ta ab. Shui Ta räumt weiter auf. Eintritt die Hausbesitzerin.

DIE HAUSBESITZERIN: So, Sie sind dieser Herr Vetter! Was bedeutet das, daß die Polizei aus diesem meinem Haus Leute abführt? Wie kommt Ihre Kusine dazu, hier ein Absteigequartier* aufzumachen? Das hat man davon, wenn man Leute ins Haus nimmt, die gestern noch in Fünfkäschkämmerchen* gehaust und vom Bäcker an der Ecke Hirsefladen erbettelt haben! Sie sehen, ich weiß Bescheid.*

SHUI TA: Das sehe ich. Man hat Ihnen Übles von meiner Kusine erzählt. Man hat sie beschuldigt, gehungert zu haben!* Es ist notorisch, daß sie in Armut lebte. Ihr Leumund ist der allerschlechteste: es ging ihr elend!

DIE HAUSBESITZERIN: Sie war eine ganz gewöhnliche . . .*

SHUI TA: Unbemittelte, sprechen wir das harte Wort aus!

DIE HAUSBESITZERIN: Ach, bitte, keine Gefühlsduseleien! Ich spreche von ihrem Lebenswandel, nicht von ihren Einkünften. Ich bezweifle nicht, daß es da gewisse Einkünfte gegeben hat, sonst gäbe es diesen Laden nicht. Einige ältere Herren werden schon gesorgt haben. Woher bekommt man einen Laden? Herr, dies ist ein respektables Haus! Die Leute, die hier Miete zahlen, wünschen nicht, mit einer solchen Person unter einem Dach zu wohnen, jawohl. *Pause.* Ich bin kein Unmensch, aber ich muß Rücksichten nehmen.*

SHUI TA: *kalt:* Frau Mi Tzü, ich bin beschäftigt. Sagen Sie mir einfach, was es uns kosten wird, in diesem respektablen Haus zu wohnen.

DIE HAUSBESITZERIN: Ich muß sagen, Sie sind jedenfalls kaltblütig.

SHUI TA: *zieht aus dem Ladentisch den Mietskontrakt:* Die Miete ist sehr hoch. Ich entnehme diesem Kontrakt, daß sie monatlich zu entrichten ist.

DIE HAUSBESITZERIN: *schnell:* Aber nicht für Leute wie Ihre Kusine.

SHUI TA: Was heißt das?

DIE HAUSBESITZERIN: Es heißt, daß Leute wie Ihre Kusine die Halbjahresmiete von 200 Silberdollar im voraus zu bezahlen haben.

SHUI TA: 200 Silberdollar! Das ist halsabschneiderisch! Wie soll ich das aufbringen? Ich kann hier nicht auf großen Umsatz rechnen. Ich setze meine einzige Hoffnung darauf, daß die Sacknäherinnen von der Zementfabrik viel rauchen, da die Arbeit, wie man mir gesagt hat, sehr erschöpft. Aber sie verdienen schlecht.

DIE HAUSBESITZERIN: Das hätten Sie vorher bedenken müssen.

SHUI TA: Frau Mi Tzü, haben Sie ein Herz! Es ist wahr, meine Kusine hat den unverzeihlichen Fehler begangen, Unglücklichen Obdach zu gewähren. Aber sie kann sich bessern, ich werde sorgen, daß sie sich bessert. Andrerseits, wie könnten Sie einen besseren Mieter finden als einen, der die Tiefe kennt, weil er aus ihr kommt? Er wird sich die Haut von den Fingern arbeiten,* Ihnen die Miete pünktlichst zu bezahlen, er wird alles tun, alles opfern, alles verkaufen, vor nichts zurückschrecken und dabei wie ein Mäuschen sein, still wie eine Fliege, sich Ihnen in allem unterwerfen, ehe er zurückgeht dorthin.* Solch ein Mieter ist nicht mit Gold aufzuwiegen.*

DIE HAUSBESITZERIN: 200 Silberdollar im voraus, oder sie geht zurück auf die Straße, woher sie kommt.
Herein der Polizist.

DER POLIZIST: Lassen Sie nicht stören, Herr Shui Ta.

DIE HAUSBESITZERIN: Die Polizei zeigt wirklich ein ganz besonderes Interesse für diesen Laden.

DER POLIZIST: Frau Mi Tzü, ich hoffe, Sie haben keinen falschen Eindruck bekommen. Herr Shui Ta hat uns einen Dienst erwiesen,* und ich komme lediglich, ihm dafür im Namen der Polizei zu danken.

DIE HAUSBESITZERIN: Nun, das geht mich nichts an.* Ich

hoffe, Herr Shui Ta, mein Vorschlag sagt Ihrer Kusine zu. Ich liebe es, mit meinen Mietern in gutem Einvernehmen zu sein.* Guten Tag, meine Herren. *Ab.*

SHUI TA: Guten Tag, Frau Mi Tzü.

DER POLIZIST: Haben Sie Schwierigkeiten mit Frau Mi Tzü?

SHUI TA: Sie verlangt Vorausbezahlung der Miete, da meine Kusine ihr nicht respektabel erscheint.

DER POLIZIST: Und Sie haben das Geld nicht? *Shui Ta schweigt.* Aber jemand wie Sie, Herr Shui Ta, muß doch Kredit finden!

SHUI TA: Vielleicht. Aber wie sollte jemand wie Shen Te Kredit finden?

DER POLIZIST: Bleiben Sie denn nicht?

SHUI TA: Nein. Und ich kann auch nicht wiederkommen. Nur auf der Durchreise konnte ich ihr eine Hand reichen, nur das Schlimmste konnte ich abwehren. Bald wird sie wieder auf sich selber angewiesen sein.* Ich frage mich besorgt, was dann werden soll.

DER POLIZIST: Herr Shui Ta, es tut mir leid, daß Sie Schwierigkeiten mit der Miete haben. Ich muß zugeben, daß wir diesen Laden zuerst mit gemischten Gefühlen betrachteten, aber Ihr entschlossenes Auftreten vorhin hat uns gezeigt, wer Sie sind. Wir von der Behörde haben es schnell heraus,* wen wir als Stütze der Ordnung ansehen können.

SHUI TA: *bitter:* Herr, um diesen kleinen Laden zu retten, den meine Kusine als ein Geschenk der Götter betrachtet, bin ich bereit, bis an die äußerste Grenze des gesetzlich Erlaubten zu gehen. Aber Härte und Verschlagenheit helfen nur gegen die Unteren, denn die Grenzen sind klug gezogen. Mir geht es wie dem Mann, der mit den Ratten fertig geworden ist, aber dann kam der Fluß!*
Nach einer kleinen Pause: Rauchen Sie?

DER POLIZIST: *zwei Zigarren einsteckend:* Wir von der

Station verlören Sie höchst ungern hier, Herr Shui Ta.
Aber Sie müssen Frau Mi Tzü verstehen. Die Shen Te hat,
da wollen wir uns nichts vormachen,* davon gelebt, daß sie
sich an Männer verkaufte. Sie können mir einwenden: was
sollte sie machen? Wovon sollte sie zum Beispiel ihre
Miete zahlen? Aber der Tatbestand bleibt: es ist nicht
respektabel. Warum? Erstens: Liebe verkauft man nicht,
sonst ist es käufliche Liebe.* Zweitens: respektabel ist,
nicht mit dem, der einen bezahlt, sondern mit dem, den
man liebt. Drittens: nicht für eine Handvoll Reis, sondern
aus Liebe. Schön, antworten Sie mir, was hilft alle
Weisheit, wenn die Milch schon verschüttet ist?* Was soll
sie machen? Sie muß eine Halbjahresmiete auftreiben.
Herr Shui Ta, ich muß Ihnen sagen, ich weiß es nicht. *Er
denkt eifrig nach.* Herr Shui Ta, ich hab's! Suchen Sie
doch einfach einen Mann für sie!
Herein eine kleine alte Frau.

DIE ALTE: Eine gute billige Zigarre für meinen Mann. Wir
sind nämlich morgen vierzig Jahre verheiratet, und da
machen wir eine kleine Feier.

SHUI TA: *höflich:* Vierzig Jahre und noch immer eine Feier!

DIE ALTE: Soweit unsere Mittel es gestatten! Wir haben den
Teppichladen gegenüber. Ich hoffe, wir halten gute
Nachbarschaft, das sollte man, die Zeiten sind schlecht.

SHUI TA: *legt ihr verschiedene Kistchen vor:* Ein sehr alter
Satz,* fürchte ich.

DER POLIZIST: Herr Shui Ta, wir brauchen Kapital. Nun, ich
schlage eine Heirat vor.

SHUI TA: *entschuldigend zu der Alten:* Ich habe mich dazu
verleiten lassen, den Herrn Polizisten mit meinen privaten
Bekümmernissen zu behelligen.

DER POLIZIST: Wir haben die Halbjahresmiete nicht. Schön,
wir heiraten ein wenig Geld.

SHUI TA: Das wird nicht so leicht sein.

DER POLIZIST: Wieso? Sie ist eine Partie.* Sie hat ein kleines,

aufstrebendes Geschäft. *Zu der Alten:* Was denken Sie
darüber?

DIE ALTE: *unschlüssig:* Ja . . .

DER POLIZIST: Eine Annonce in der Zeitung.

DIE ALTE: *zurückhaltend:* Wenn das Fräulein einverstanden
ist . . .

DER POLIZIST: Was soll sie dagegen haben? Ich setze Ihnen
das auf. Ein Dienst ist des andern wert. Denken Sie nicht,
daß die Behörde kein Herz für den hartkämpfenden
kleinen Geschäftsmann hat. Sie gehen uns an die Hand,
und wir setzen Ihnen dafür Ihre Heiratsannonce auf!*
Hahaha!
*Er zieht eifrig sein Notizbuch hervor, befeuchtet den
Bleistiftstummel und schreibt los.*

SHUI TA: *langsam:* Das ist keine schlechte Idee.

DER POLIZIST: Welcher . . . ordentliche . . . Mann mit
kleinem Kapital . . . Witwer nicht ausgeschlossen* . . .
wünscht Einheirat . . . in aufblühendes Tabakgeschäft? –
Und dann fügen wir noch hinzu: Bin hübsche sympathische
Erscheinung.* – Wie?

SHUI TA: Wenn Sie meinen, daß das keine Übertreibung wäre.

DIE ALTE: *freundlich:* Durchaus nicht. Ich habe sie gesehen.
*Der Polizist reißt aus seinem Buch das Blatt und überreicht
es Shui Ta.*

SHUI TA: Mit Entsetzen sehe ich, wieviel Glück nötig ist,
damit man nicht unter die Räder kommt! Wie viele
Einfälle! Wie viele Freunde! *Zum Polizisten:* Trotz aller
Entschlossenheit war ich zum Beispiel am Ende meines
Witzes, was die Ladenmiete betraf. Und jetzt kamen Sie
und halfen mir mit einem guten Rat. Ich sehe tatsächlich
einen Ausweg.*

3

Abend im Stadtpark

Ein junger Mann in abgerissenen Kleidern verfolgt mit den Augen ein Flugzeug, das anscheinend in einem hohen Bogen über den Park geht. Er zieht einen Strick aus der Tasche und schaut sich suchend um. Als er auf eine große Weide zugeht, kommen zwei Prostituierte des Weges. Die eine ist schon alt, die andere ist die Nichte aus der achtköpfigen Familie.

DIE JUNGE: Guten Abend, junger Herr. Kommst du mit, Süßer?

SUN: Möglich, meine Damen, wenn ihr mir was zum Essen kauft.

DIE ALTE: Du bist wohl übergeschnappt? *Zur Jungen:* Gehen wir weiter. Wir verlieren nur unsere Zeit mit ihm. Das ist ja der stellungslose Flieger.

DIE JUNGE: Aber es wird niemand mehr im Park sein, es regnet gleich.

DIE ALTE: Vielleicht doch.
Sie gehen weiter. Sun zieht, sich umschauend, seinen Strick hervor und wirft ihn um einen Weidenast.* Er wird aber wieder gestört. Die beiden Prostituierten kommen schnell zurück. Sie sehen ihn nicht.

DIE JUNGE: Es wird ein Platzregen.
Shen Te kommt des Weges spaziert.

DIE ALTE: Schau, da kommt das Untier! Dich und die Deinen* hat sie ins Unglück gebracht!

DIE JUNGE: Nicht sie. Ihr Vetter war es. Sie hatte uns ja aufgenommen, und später hat sie uns angeboten, die Kuchen zu zahlen.* Gegen sie habe ich nichts.

DIE ALTE: Aber ich! *Laut:* Ach, da ist ja unsere feine Schwester mit dem Goldhafen!* Sie hat einen Laden, aber sie will uns immer noch Freier wegfischen.

SHEN TE: Friß mich doch nicht gleich auf. Ich gehe ins Teehaus am Teich.

DIE JUNGE: Ist es wahr, daß du einen Witwer mit drei Kindern heiraten wirst?*

SHEN TE: Ja, ich treffe ihn dort.

SUN: *ungeduldig:* Schert euch endlich weiter, ihr Schnepfen! Kann man nicht einmal hier seine Ruhe haben?

DIE ALTE: Halt das Maul!
Die beiden Prostituierten ab.

SUN: *ruft ihnen nach:* Aasgeier! *Zum Publikum:* Selbst an diesem abgelegenen Platz fischen sie unermüdlich nach Opfern, selbst im Gebüsch, selbst bei Regen suchen sie verzweifelt nach Käufern.

SHEN TE: *zornig:* Warum beschimpfen Sie sie? *Sie erblickt den Strick*: Oh.

SUN: Was glotzt du?

SHEN TE: Wozu ist der Strick?

SUN: Geh weiter, Schwester, geh weiter! Ich habe kein Geld, nichts, nicht eine Kupfermünze. Und wenn ich eine hätte, würde ich nicht dich, sondern einen Becher Wasser kaufen vorher.
Es fängt an zu regnen.

SHEN TE: Wozu ist der Strick? Das dürfen Sie nicht!

SUN: Was geht dich das an? Scher dich weg!

SHEN TE: Es regnet.

SUN: Versuch nicht, dich unter diesen Baum zu stellen.

SHEN TE: *bleibt unbeweglich im Regen stehen:* Nein.

SUN: Schwester, laß ab, es hilft dir nichts. Mit mir ist kein Geschäft zu machen. Du bist mir auch zu häßlich. Krumme Beine.

SHEN TE: Das ist nicht wahr.

SUN: Zeig sie nicht! Komm schon, zum Teufel, unter den Baum, wenn es regnet!

Sie geht langsam hin und setzt sich unter den Baum.

SHEN TE: Warum wollen Sie das tun?

SUN: Willst du es wissen? Dann werde ich es dir sagen, damit ich dich los werde. *Pause.* Weißt du, was ein Flieger ist?

SHEN TE: Ja, in einem Teehaus habe ich Flieger gesehen.

SUN: Nein, du hast keine gesehen. Vielleicht ein paar windige* Dummköpfe mit Lederhelmen, Burschen ohne Gehör für Motore und ohne Gefühl für eine Maschine. Das kommt nur in eine Kiste, weil es den Hangarverwalter schmieren kann.* Sag so einem: Laß deine Kiste aus 2000 Fuß Höhe durch die Wolken hinunter abfallen und dann fang sie auf, mit einem Hebeldruck, dann sagt er: Das steht nicht im Kontrakt. Wer nicht fliegt, daß er seine Kiste auf den Boden aufsetzt, als wäre es sein Hintern, der ist kein Flieger, sondern ein Dummkopf. Ich aber bin ein Flieger. Und doch bin ich der größte Dummkopf, denn ich habe alle Bücher über die Fliegerei gelesen auf der Schule in Peking. Aber eine Seite eines Buches habe ich nicht gelesen, und auf dieser Seite stand, daß keine Flieger mehr gebraucht werden. Und so bin ich ein Flieger ohne Flugzeug geworden, ein Postflieger ohne Post. Aber was das bedeutet, das kannst du nicht verstehen.

SHEN TE: Ich glaube, ich verstehe es doch.

SUN: Nein, ich sage dir ja, du kannst es nicht verstehen, also kannst du es nicht verstehen.

SHEN TE: *halb lachend, halb weinend:* Als Kinder hatten wir einen Kranich mit einem lahmen Flügel.* Er war freundlich zu uns und trug uns keinen Spaß nach* und stolzierte hinter uns drein, schreiend, daß wir nicht zu schnell für ihn liefen. Aber im Herbst und im Frühjahr, wenn die großen Schwärme über das Dorf zogen, wurde er sehr unruhig, und ich verstand ihn gut.

SUN: Heul nicht.

SHEN TE: Nein.

SUN: Es schadet dem Teint.

SHEN TE: Ich höre schon auf.

*Sie trocknet sich mit dem Ärmel die Tränen ab. An den
Baum gelehnt, langt er, ohne sich ihr zuzuwenden, nach
ihrem Gesicht.**

SUN: Du kannst dir nicht einmal richtig das Gesicht
abwischen.

Er wischt es ihr mit einem Sacktuch ab. Pause.

Wenn du schon sitzen bleiben mußtest, damit ich mich
nicl.i aufhänge, dann mach wenigstens den Mund auf.

SHEN TE: Ich weiß nichts.

SUN: Warum willst du mich eigentlich vom Ast schneiden,
Schwester?

SHEN TE: Ich bin erschrocken. Sicher wollten Sie es nur tun,
weil der Abend so trüb ist.

Zum Publikum:

In unserem Lande
Dürfte es trübe Abende nicht geben*
Auch hohe Brücken über die Flüsse
Selbst die Stunde zwischen Nacht und Morgen
Und die ganze Winterzeit dazu, das ist gefährlich.
Denn angesichts des Elends
Genügt ein Weniges
Und die Menschen werfen
Das unerträgliche Leben fort.

SUN: Sprich von dir.

SHEN TE: Wovon? Ich habe einen kleinen Laden.

SUN: *spöttisch:* Ach, du gehst nicht auf den Strich,* du hast
einen Laden!

SHEN TE: *fest:* Ich habe einen Laden, aber zuvor bin ich auf
die Straße gegangen.*

SUN: Und den Laden, den haben dir wohl die Götter
geschenkt?

SHEN TE: Ja.

SUN: Eines schönen Abends standen sie da und sagten: Hier hast du Geld?*

SHEN TE: *leise lachend:* Eines Morgens.

SUN: Unterhaltsam bist du nicht gerade.

SHEN TE: *nach einer Pause:* Ich kann Zither spielen, ein wenig, und Leute nachmachen.* *Sie macht mit tiefer Stimme einen würdigen Mann nach:* »Nein, so etwas, ich muß meinen Geldbeutel vergessen haben!«* Aber dann kriegte ich den Laden. Da habe ich als erstes die Zither weggeschenkt. Jetzt, sagte ich mir, kann ich ein Stockfisch sein, und es macht nichts.

Ich bin eine Reiche, sagte ich.
Ich gehe allein. Ich schlafe allein.
Ein ganzes Jahr, sagte ich
Mache ich nichts mehr mit einem Mann.

SUN: Aber jetzt heiratest du einen? Den im Teehaus am Teich!
Shen Te schweigt.
Was weißt du eigentlich von Liebe?

SHEN TE: Alles.

SUN: Nichts, Schwester. Oder war es etwa angenehm?*

SHEN TE: Nein.

SUN: *streicht ihr mit der Hand über das Gesicht, ohne sich ihr zuzuwenden:* Ist das angenehm?

SHEN TE: Ja.

SUN: Genügsam, das bist du. Was für eine Stadt!*

SHEN TE: Haben Sie keinen Freund?

SUN: Einen ganzen Haufen, aber keinen, der hören will, daß ich immer noch ohne eine Stelle bin. Sie machen ein Gesicht, als ob sie einen sich darüber beklagen hören, daß im Meer noch Wasser ist. Hast du etwa einen Freund?

SHEN TE: *zögernd:* Einen Vetter.

SUN: Dann nimm dich nur in acht vor ihm.

SHEN TE: Er war bloß ein einziges Mal da. Jetzt ist er weggegangen und kommt nie wieder. Aber warum reden Sie so hoffnungslos? Man sagt: Ohne Hoffnung sprechen heißt ohne Güte sprechen.

SUN: Red nur weiter! Eine Stimme ist immerhin eine Stimme.

SHEN TE: *eifrig:* Es gibt noch freundliche Menschen, trotz des großen Elends. Als ich klein war, fiel ich einmal mit einer Last Reisig hin. Ein alter Mann hob mich auf und gab mir sogar einen Käsch. Daran habe ich mich oft erinnert. Besonders die wenig zu essen haben, geben gern ab. Wahrscheinlich zeigen die Menschen einfach gern, was sie können, und womit könnten sie es besser zeigen, als indem sie freundlich sind? Bosheit is bloß eine Art Ungeschicklichkeit. Wenn jémand ein Lied singt oder eine Maschine baut oder Reis pflanzt, das ist eigentlich Freundlichkeit. Auch Sie sind freundlich.

SUN: Da gehört nicht viel dazu bei dir, scheint es.*

SHEN TE: Ja. Und jetzt habe ich einen Regentropfen gespürt.

SUN: Wo?

SHEN TE: Zwischen den Augen.

SUN: Mehr am rechten oder mehr am linken?

SHEN TE: Mehr am linken.

SUN: Gut. *Nach einer Weile schläfrig:* Und mit den Männern bist du fertig?

SHEN TE: *lächelnd:* Aber meine Beine sind nicht krumm.

SUN: Vielleicht nicht.

SHEN TE: Bestimmt nicht.

SUN: *sich müde an den Baum zurücklehnend:* Aber da ich seit zwei Tagen nichts gegessen habe und nichts getrunken seit einem könnte ich dich nicht lieben, Schwester, auch wenn ich wollte.

SHEN TE: Es ist schön im Regen.

Wang, der Wasserverkäufer, kommt. Er singt das

»LIED DES WASSERVERKÄUFERS IM REGEN«

Ich hab Wasser zu verkaufen
Und nun steh ich hier im Regen
Und ich bin weithin gelaufen
Meines bißchen Wassers wegen.
Und jetzt schrei ich mein: Kauft Wasser!
Und keiner kauft es
Verschmachtend und gierig
Und zahlt es und sauft es.
(Kauft Wasser, ihr Hunde!)

Könnt ich doch dies Loch* verstopfen!
Träumte jüngst, es wäre sieben
Jahr der Regen ausgeblieben!
Wasser maß ich ab nach Tropfen!
Ach, wie schrieen sie: Gib Wasser!
Jeden, der nach meinem Eimer faßte
Sah ich mir erst an daraufhin
Ob mir seine Nase paßte.*
(Da lechzten die Hunde!)

Lachend:
Ja, jetzt sauft ihr kleinen Kräuter
Auf dem Rücken mit Behagen
Aus dem großen Wolkeneuter*
Ohne nach dem Preis zu fragen.
Und ich schreie mein: Kauft Wasser!
Und keiner kauft es
Verschmachtend und gierig
Und zahlt es und sauft es.
(Kauft Wasser, ihr Hunde!)

Der Regen hat aufgehört. Shen Te sieht Wang und läuft auf ihn zu.

SHEN TE: Ach, Wang, bist du wieder zurück? Ich habe dein Traggerät bei mir untergestellt.

WANG: Besten Dank für die Aufbewahrung! Wie geht es dir, Shen Te?

SHEN TE: Gut. Ich habe einen sehr klugen und kühnen Menschen kennengelernt.* Und ich möchte einen Becher von deinem Wasser kaufen.

WANG: Leg doch den Kopf zurück und mach den Mund auf, dann hast du Wasser, soviel du willst. Dort die Weide tropft noch immer.

SHEN TE: Aber ich will dein Wasser, Wang.

Das weither getragene
Das müde gemacht hat.
Und das schwer verkauft wird, weil es heute regnet.

Und ich brauche es für den Herrn dort drüben.

Er ist ein Flieger. Ein Flieger
Ist kühner als andere Menschen. In der Gesellschaft der
    Wolken
Den großen Stürmen trotzend
Fliegt er durch die Himmel und bringt
Den Freunden im fernen Land
Die freundliche Post.*

Sie bezahlt und läuft mit dem Becher zu Sun hinüber.

SHEN TE: *ruft lachend zu Wang zurück:* Er ist eingeschlafen. Die Hoffnungslosigkeit und der Regen und ich haben ihn müde gemacht.

ZWISCHENSPIEL

Wangs Nachtlager in einem Kanalrohr

Der Wasserverkäufer schläft. Musik. Das Kanalrohr wird durchsichtig, und dem Träumenden erscheinen die Götter.

WANG: *strahlend:* Ich habe sie gesehen, Erleuchtete! Sie ist ganz die alte!

DER ERSTE GOTT: Das freut uns.

WANG: Sie liebt! Sie hat mir ihren Freund gezeigt. Es geht ihr wirklich gut.

DER ERSTE GOTT: Das hört man gern. Hoffentlich bestärkt sie das in ihrem Streben nach Gutem.

WANG: Unbedingt! Sie tut soviel Wohltaten, als sie kann.

DER ERSTE GOTT: Was für Wohltaten? Erzähl uns davon, lieber Wang!

WANG: Sie hat ein freundliches Wort für jeden.

DER ERSTE GOTT: *eifrig:* Ja, und?

WANG: Selten geht einer aus ihrem kleinen Laden ohne Tabak, nur weil er etwa kein Geld hat.

DER ERSTE GOTT: Das klingt nicht schlecht. Noch anderes?

WANG: Eine achtköpfige Familie hat sie bei sich beherbergt!

DER ERSTE GOTT: *triumphierend zum zweiten:* Achtköpfig!
Zu Wang: Und womöglich noch was?

WANG: Mir hat sie, obwohl es regnete, einen Becher von
meinem Wasser abgekauft.

DER ERSTE GOTT: Natürlich, diese kleinen Wohltaten alle.
Das versteht sich.

WANG: Aber sie laufen ins Geld.* So viel gibt ein kleiner
Laden nicht her.

DER ERSTE GOTT: Freilich, freilich! Aber ein umsichtiger
Gärtner tut auch mit einem winzigen Fleck wahre Wunder.

WANG: Das tut sie wahrhaftig! Jeden Morgen teilt sie Reis
aus, dafür geht mehr als die Hälfte des Verdienstes
drauf,* das könnt Ihr glauben!

DER ERSTE GOTT: *etwas enttäuscht:* Ich sage auch nichts.
Ich bin nicht unzufrieden für den Anfang.

WANG: Bedenkt, die Zeiten sind nicht die besten! Sie mußte
einmal einen Vetter zu Hilfe rufen, da ihr Laden in
Schwierigkeiten geriet.

Kaum war da eine windgeschütze Stelle
Kam des ganzen winterlichen Himmels
Zerzaustes Gevögel geflogen und
Raufte um den Platz und der hungrige Fuchs durchbiß
Die dünne Wand, und der einbeinige Wolf
Stieß den kleinen Eßnapf um.

Kurz, sie konnte alle die Geschäfte allein nicht mehr
überblicken. Aber alle sind sich einig, daß sie ein gutes
Mädchen ist. Sie heißt schon überall: Der Engel der
Vorstädte. So viel Gutes geht von ihrem Laden aus!
Was immer der Schreiner Lin To sagen mag!

DER ERSTE GOTT: Was heißt das? Spricht der Schreiner Lin To
denn schlecht von ihr?

WANG: Ach, er sagt nur, die Stellagen im Laden seien nicht
voll bezahlt worden

DER ZWEITE GOTT: Was sagst du da? Ein Schreiner wurde nicht bezahlt? In Shen Te's Laden? Wie konnte sie das zulassen?

WANG: Sie hatte wohl das Geld nicht?

DER ZWEITE GOTT: Ganz gleich, man bezahlt, was man schuldig ist. Schon der bloße Anschein von Unbilligkeit muß vermieden werden. Erstens muß der Buchstabe der Gebote erfüllt werden, zweitens ihr Geist.*

WANG: Aber es war nur der Vetter, Erleuchtete, nicht sie selber.

DER ZWEITE GOTT: Dann übertritt dieser Vetter nicht mehr ihre Schwelle!*

WANG: *niedergeschlagen:* Ich verstehe, Erleuchteter. Zu Shen Te's Verteidigung laß mich vielleicht nur noch geltend machen, daß der Vetter als durchaus achtbarer Geschäftsmann gilt. Sogar die Polizei schätzt ihn.

DER ERSTE GOTT: Nun, wir wollen diesen Herrn Vetter ja auch nicht ungehört verdammen. Ich gebe zu, ich verstehe nichts von Geschäften, vielleicht muß man sich da erkundigen, was das Übliche ist. Aber überhaupt Geschäfte! Ist das denn nötig? Immer machen sie jetzt Geschäfte! Machten die sieben guten Könige Geschäfte? Verkaufte der gerechte Kung Fische?* Was haben Geschäfte mit einem rechtschaffenen und würdigen Leben zu tun?

DER ZWEITE GOTT: *sehr verschnupft:* Jedenfalls darf so etwas nicht mehr vorkommen.
Er wendet sich zum Gehen. Die beiden anderen Götter wenden sich auch.

DER DRITTE GOTT: *als letzter, verlegen:* Entschuldige den etwas harten Ton heute! Wir sind übermüdet und nicht ausgeschlafen. Das Nachtlager! Die Wohlhabenden geben uns die allerbesten Empfehlungen an die Armen, aber die Armen haben nicht Zimmer genug.

DIE GÖTTER: *sich entfernend, schimpfen:* Schwach, die beste

von ihnen! – Nichts Durchschlagendes!* – Wenig, wenig!
Alles natürlich von Herzen, aber es sieht nach nichts aus!
Sie müßte doch zumindest . . .
Man hört sie nicht mehr.

WANG: *ruft ihnen nach:* Ach, seid nicht ungnädig, Erleuchtete! Verlangt nicht zu viel für den Anfang!

4

Platz vor Shen Te's Tabakladen

Eine Barbierstube, ein Teppichgeschäft und Shen Te's Tabakladen. Es ist Morgen. Vor Shen Te's Laden warten zwei Überbleibsel der achtköpfigen Familie, der Großvater und die Schwägerin, sowie der Arbeitslose und die Shin.

DIE SCHWÄGERIN: Sie war nicht zu Hause gestern nacht?

DIE SHIN: Ein unglaubliches Benehmen! Endlich ist dieser rabiate Herr Vetter weg, und man bequemt sich,* wenigstens ab und zu etwas Reis von seinem Überfluß abzugeben, und schon bleibt man nächtelang fort und treibt sich, die Götter wissen wo, herum!
Aus der Barbierstube hört man laute Stimmen. Heraus stolpert Wang, ihm folgt der dicke Barbier, Herr Shu Fu, eine schwere Brennschere in der Hand.

HERR SHU FU: Ich werde dir geben, meine Kunden zu belästigen mit deinem verstunkenen Wasser! Nimm deinen Becher und scher dich fort!
Wang greift nach dem Becher, den Herr Shu Fu ihm hinhält, und der schlägt ihm mit der Brennschere auf die Hand, daß Wang laut aufschreit.

HERR SHU FU: Da hast du es! Laß dir das eine Lektion sein! *Er schnauft in seine Barbierstube zurück.*

DER ARBEITSLOSE: *hebt den Becher auf und reicht ihn Wang:* Für den Schlag kannst du ihn anzeigen.

WANG: Die Hand ist kaputt.

DER ARBEITSLOSE: Ist etwas zerbrochen drin?

WANG: Ich kann sie nicht mehr bewegen.

DER ARBEITSLOSE: Setz dich hin und gib ein wenig Wasser drüber!
Wang setzt sich.

DIE SHIN: Jedenfalls hast du das Wasser billig.

DIE SCHWÄGERIN: Nicht einmal einen Fetzen Leinen kann man hier bekommen früh um acht. Sie muß auf Abenteuer ausgehen!* Skandal!

DIE SHIN: *düster:* Vergessen hat sie uns!
Die Gasse herunter kommt Shen Te, einen Topf mit Reis tragend.

SHEN TE: *zum Publikum:* In der Frühe habe ich die Stadt nie gesehen. In diesen Stunden lag ich immer noch mit der schmutzigen Decke über der Stirn, in Furcht vor dem Erwachen. Heute bin ich zwischen den Zeitungsjungen gegangen, den Männern, die den Asphalt mit Wasser überspülen, und den Ochsenkarren mit dem frischen Gemüse vom Land. Ich bin einen langen Weg von Suns Viertel bis hierher gegangen, aber mit jedem Schritt wurde ich lustiger. Ich habe immer gehört, wenn man liebt, geht man auf Wolken, aber das Schöne ist, daß man auf der Erde geht, dem Asphalt. Ich sage euch, die Häusermassen sind in der Frühe wie Schutthaufen, in denen Lichter angezündet werden, wenn der Himmel schon rosa und noch durchsichtig, weil ohne Staub ist. Ich sage euch, es entgeht euch viel, wenn ihr nicht liebt und eure Stadt seht in der Stunde, wo sie sich vom Lager erhebt wie ein nüchterner alter Handwerker, der seine Lungen mit frischer Luft vollpumpt und nach seinem Handwerkzeug greift, wie die Dichter singen. *Zu den Wartenden:* Guten Morgen! Da ist der Reis! *Sie teilt aus, dann erblickt sie Wang.* Guten Morgen, Wang. Ich bin leichtsinnig heute. Auf dem Weg habe ich mich in jedem Schaufenster betrachtet und jetzt habe ich Lust, mir einen Shawl zu kaufen. *Nach kurzem Zögern:* Ich würde so gern schön aussehen.
Sie geht schnell in den Teppichladen.

HERR SHU FU: *der wieder in die Tür getreten ist, zum Publikum:* Ich bin betroffen, wie schön heute Fräulein Shen Te aussieht, die Besitzerin des Tabakladens von

Visavis, die mir bisher gar nicht aufgefallen ist. Drei Minuten sehe ich sie, und ich glaube, ich bin schon verliebt in
sie. Eine unglaublich sympathische Person! *Zu Wang:*
Scher dich weg, Halunke!
*Er geht in die Barbierstube zurück. Shen Te und ein sehr
altes Paar, der Teppichhändler und seine Frau, treten aus
dem Teppichladen. Shen Te trägt einen Shawl, der
Teppichhändler einen Spiegel.*

DIE ALTE: Er ist sehr hübsch und auch nicht teuer, da er ein
Löchlein unten hat.

SHEN TE: *auf den Shawl am Arm der Alten schauend:* Der
grüne ist auch schön.

DIE ALTE: *lächelnd:* Aber er ist leider nicht ein bißchen
beschädigt.

SHEN TE: Ja, das ist ein Jammer. Ich kann keine großen
Sprünge machen* mit meinem Laden. Ich habe noch
wenig Einnahmen und doch viele Ausgaben.

DIE ALTE: Für Wohltaten. Tun Sie nicht zu viel. Am Anfang
spielt ja jede Schale Reis eine Rolle, nicht?

SHEN TE: *probiert den durchlöcherten Shawl an:* Nur, das
muß sein, aber jetzt bin ich leichtsinnig. Ob mir diese Farbe
steht?

DIE ALTE: Das müssen Sie unbedingt einen Mann fragen.

SHEN TE: *zum Alten gewendet:* Steht sie mir?

DER ALTE: Fragen Sie doch lieber . . .

SHEN TE: *sehr höflich:* Nein, ich frage Sie.

DER ALTE: *ebenfalls höflich:* Der Shawl steht Ihnen. Aber
nehmen Sie die matte Seite nach außen.
Shen Te bezahlt.

DIE ALTE: Wenn er nicht gefällt, tauschen Sie ihn ruhig um.
Zieht sie beiseite. Hat er ein wenig Kapital?

SHEN TE: *lachend:* O nein.

DIE ALTE: Können Sie denn die Halbjahresmiete bezahlen?

SHEN TE: Die Halbjahresmiete! Das habe ich ganz vergessen.

DIE ALTE: Das dachte ich mir! Und nächsten Montag ist schon der Erste. Ich möchte etwas mit Ihnen besprechen. Wissen Sie, mein Mann und ich waren ein wenig zweiflerisch in bezug auf die Heiratsannonce, nachdem wir Sie kennengelernt haben. Wir haben beschlossen, Ihnen im Notfall unter die Arme zu greifen.* Wir haben uns Geld zurückgelegt und können Ihnen die 200 Silberdollar leihen. Wenn Sie wollen, können Sie uns Ihre Vorräte an Tabak verpfänden. Schriftliches ist aber zwischen uns natürlich nicht nötig.

SHEN TE: Wollen Sie wirklich einer so leichtsinnigen Person Geld leihen?

DER ALTE: Offengestanden, Ihrem Herrn Vetter, der bestimmt nicht leichtsinnig ist, würden wir es vielleicht nicht leihen, aber Ihnen leihen wir es ruhig.

DIE ALTE: *tritt hinzu:* Abgemacht?

SHEN TE: Ich wünschte, die Götter hätten Ihrer Frau eben zugehört, Herr Deng. Sie suchen gute Menschen, die glücklich sind. Und Sie müssen wohl glücklich sein, daß Sie mir helfen, weil ich durch Liebe in Ungelegenheiten gekommen bin.
Die beiden Alten lächeln sich an.

DER ALTE: Hier ist das Geld.
Er übergibt ihr ein Kuvert. Shen Te nimmt es entgegen und verbeugt sich. Auch die Alten verbeugen sich. Sie gehen zurück in ihren Laden.

SHEN TE: *zu Wang, ihr Kuvert hochhebend:* Das ist die Miete für ein halbes Jahr! Ist das nicht wie ein Wunder? Und was sagst du zu meinem neuen Shawl, Wang?

WANG: Hast du den für ihn gekauft, den ich im Stadtpark gesehen habe?
Shen Te nickt.

DIE SHIN: Vielleicht sehen Sie sich lieber seine kaputte Hand an als ihm Ihre zweifelhaften Abenteuer zu erzählen!

SHEN TE: *erschrocken:* Was ist mit deiner Hand?

DIE SHIN: Der Barbier hat sie vor unseren Augen mit der Brennschere zerschlagen.

SHEN TE: *über ihre Achtlosigkeit entsetzt:* Und ich habe gar nichts bemerkt! Du mußt sofort zum Arzt gehen, sonst wird deine Hand steif und du kannst nie mehr richtig arbeiten. Das ist ein großes Unglück. Schnell, steh auf! Geh schnell!

DER ARBEITSLOSE: Er muß nicht zum Arzt, sondern zum Richter! Er kann vom Barbier, der reich ist, Schadenersatz verlangen.

WANG: Meinst du, da ist eine Aussicht?

DIE SHIN: Wenn sie wirklich kaputt ist. Aber ist sie kaputt?

WANG: Ich glaube. Sie ist schon ganz dick. Wäre es eine Lebensrente?*

DIE SHIN: Du mußt allerdings einen Zeugen haben.

WANG: Aber ihr alle habt es ja gesehen! Ihr alle könnt es bezeugen.
Er blickt um sich. Der Arbeitslose, der Großvater und die Schwägerin sitzen an der Hauswand und essen. Niemand sieht auf.

SHEN TE: *zur Shin:* Sie selber haben es doch gesehen!

DIE SHIN: Ich will nichts mit der Polizei zu tun haben.

SHEN TE: *zur Schwägerin:* Dann Sie!

DIE SCHWÄGERIN: Ich? Ich habe nicht hingesehen!

DIE SHIN: Natürlich haben Sie hingesehen! Ich habe gesehen, daß Sie hingesehen haben! Sie haben nur Furcht, weil der Barbier zu mächtig ist.

SHEN TE: *zum Großvater:* Ich bin sicher, Sie bezeugen den Vorfall.

DIE SCHWÄGERIN: Sein Zeugnis wird nicht angenommen. Er ist gaga.

SHEN TE: *zum Arbeitslosen:* Es handelt sich vielleicht um eine Lebensrente.

DER ARBEITSLOSE: Ich bin schon zweimal wegen Bettelei aufgeschrieben worden. Mein Zeugnis würde ihm eher schaden.

SHEN TE: *ungläubig:* So will keines von euch sagen, was ist? Am hellen Tage wurde ihm die Hand zerbrochen, ihr habt alle zugeschaut, und keines will reden? *Zornig:*

Oh, ihr Unglücklichen!
Euerm Bruder wird Gewalt angetan, und ihr kneift die
    Augen zu!
Der Getroffene schreit laut auf, und ihr schweigt?
Der Gewalttätige geht herum und wählt sein Opfer
Und ihr sagt: uns verschont er, denn wir zeigen kein
    Mißfallen.
Was ist das für eine Stadt, was seid ihr für Menschen!
Wenn in einer Stadt ein Unrecht geschieht,
    muß ein Aufruhr sein
Und wo kein Aufruhr ist, da ist es besser,
    daß die Stadt untergeht
Durch ein Feuer, bevor es Nacht wird!

Wang, wenn niemand deinen Zeugen macht, der dabei war, dann will ich deinen Zeugen machen und sagen, daß ich es gesehen habe.

DIE SHIN: Das wird Meineid sein.

WANG: Ich weiß nicht, ob ich das annehmen kann. Aber vielleicht muß ich es annehmen. *Auf seine Hand blickend, besorgt:* Meint ihr, sie ist auch dick genug? Es kommt mir vor, als sei sie schon wieder abgeschwollen.

DER ARBEITSLOSE: *beruhigt ihn:* Nein, sie ist bestimmt nicht abgeschwollen.

WANG: Wirklich nicht? Ja, ich glaube auch, sie schwillt sogar ein wenig mehr an. Vielleicht ist doch das Gelenk gebrochen. Ich laufe besser gleich zum Richter. *Seine Hand sorgsam haltend, den Blick immer darauf gerichtet, läuft er weg.*
Die Shin läuft in die Barbierstube.

DER ARBEITSLOSE: Sie läuft zum Barbier, sich einschmeicheln.

DIE SCHWÄGERIN: Wir können die Welt nicht ändern.

SHEN TE: *entmutigt:* Ich habe euch nicht beschimpfen
wollen. Ich bin nur erschrocken. Nein, ich wollte euch
beschimpfen. Geht mir aus den Augen!
*Der Arbeitslose, die Schwägerin und der Großvater gehen
essend und maulend ab.*
Shen Te zum Publikum:

Sie antworten nicht mehr. Wo man sie hinstellt
Bleiben sie stehen,* und wenn man sie wegweist
Machen sie schnell Platz!
Nichts bewegt sie mehr. Nur
Der Geruch des Essens macht sie aufschauen.

*Eine alte Frau kommt gelaufen. Es ist Suns Mutter, Frau
Yang.*

FRAU YANG: *atemlos:* Sind Sie Fräulein Shen Te? Mein Sohn
hat mir alles erzählt. Ich bin Suns Mutter, Frau Yang.
Denken Sie, er hat jetzt die Aussicht, eine Fliegerstelle zu
bekommen! Heute morgen, eben vorhin, ist ein Brief
gekommen, aus Peking. Von einem Hangarverwalter
beim Postflug.*

SHEN TE: Daß er wieder fliegen kann? Oh, Frau Yang!

FRAU YANG: Aber die Stelle kostet schreckliches Geld: 500
Silberdollar.

SHEN TE: Das ist viel, aber am Geld darf so etwas nicht
scheitern.* Ich habe doch den Laden.

FRAU YANG: Wenn Sie da etwas tun könnten!

SHEN TE: *umarmt sie:* Wenn ich ihm helfen könnte!

FRAU YANG: Sie würden einem begabten Menschen eine
Chance geben.

SHEN TE: Wie dürfen sie einen hindern, sich nützlich zu
machen! *Nach einer Pause:* Nur, für den Laden werde ich

zu wenig bekommen, und die 200 Silberdollar Bargeld hier sind bloß ausgeliehen. Die freilich können Sie gleich mitnehmen. Ich werde meine Tabakvorräte verkaufen und sie davon zurückzahlen.

Sie gibt ihr das Geld der beiden Alten.

FRAU YANG: Ach, Fräulein Shen Te, das ist Hilfe am rechten Ort. Und sie nannten ihn schon den toten Flieger hier in der Stadt, weil sie alle überzeugt waren, daß er so wenig wie ein Toter je wieder fliegen würde.

SHEN TE: Aber 300 Silberdollar brauchen wir noch für die Fliegerstelle. Wir müssen nachdenken, Frau Yang. *Langsam:* Ich kenne jemand, der mir da vielleicht helfen könnte. Einen, der schon einmal Rat geschaffen hat. Ich wollte ihn eigentlich nicht mehr rufen, da er zu hart und zu schlau ist. Es müßte wirklich das letzte Mal sein. Aber ein Flieger muß fliegen, das ist klar.

Fernes Motorengeräusch.

FRAU YANG: Wenn der, von dem Sie sprechen, das Geld beschaffen könnte! Sehen Sie, das ist das morgendliche Postflugzeug, das nach Peking geht!

SHEN TE: *entschlossen:* Winken Sie, Frau Yang! Der Flieger kann uns bestimmt sehen! *Sie winkt mit ihrem Shawl.* Winken Sie auch!

FRAU YANG: *winkend:* Kennen Sie den, der da fliegt?

SHEN TE: Nein. Einen, der fliegen wird. Denn der Hoffnungslose soll fliegen, Frau Yang. Einer wenigstens soll über all dies Elend, einer soll über uns alle sich erheben können! *Zum Publikum:*

Yang Sun, mein Geliebter, in der Gesellschaft der Wolken!
Den großen Stürmen trotzend
Fliegend durch die Himmel und bringend
Den Freunden im fernen Land
Die freundliche Post.

ZWISCHENSPIEL VOR DEM VORHANG

Shen Te tritt auf, in den Händen die Maske und den Anzug des Shui Ta und singt

»DAS LIED VON DER WEHRLOSIGKEIT DER GÖTTER UND GUTEN«

In unserem Lande
Braucht der Nützliche Glück. Nur
Wenn er starke Helfer findet
Kann er sich nützlich erweisen.
Die Guten
Können sich nicht helfen, und die Götter sind machtlos.
    Warum haben die Götter nicht Tanks und Kanonen
    Schlachtschiffe und Bombenflugzeuge und Minen
    Die Bösen zu fällen, die Guten zu schonen?
    Es stünde wohl besser mit uns und mit ihnen.

Sie legt den Anzug des Shui Ta an und macht einige Schritte in seiner Gangart.

Die Guten
Können in unserem Lande nicht lang gut bleiben.
Wo die Teller leer sind, raufen sich die Esser.
Ach, die Gebote der Götter
Helfen nicht gegen den Mangel.

Warum erscheinen die Götter nicht auf unsern
    Märkten
Und verteilen lächelnd die Fülle der Waren?
Und gestatten den vom Brot und vom Weine
    Gestärkten
Miteinander nun freundlich und gut zu verfahren?*

*Sie setzt die Maske des Shui Ta auf und fährt mit seiner
Stimme zu singen fort.*

Um zu einem Mittagessen zu kommen
Braucht es der Härte, mit der sonst Reiche* gegründet
    werden.
Ohne zwölf zu zertreten
Hilft keiner einem Elenden.
    Warum sagen die Götter nicht laut in den obern
        Regionen
    Daß sie den Guten nun einmal die gute Welt schulden?
    Warum stehn sie den Guten nicht bei mit Tanks und
        Kanonen
Und befehlen: Gebt Feuer! und dulden kein Dulden?*

5

Der Tabakladen

Hinter dem Ladentisch sitzt Shui Ta und liest die Zeitung. Er beachtet nicht im geringsten die Shin, die aufwischt und dabei redet.

DIE SHIN: So ein kleiner Laden ist schnell ruiniert, wenn einmal gewisse Gerüchte sich im Viertel verbreiten, das können Sie mir glauben. Es wäre hohe Zeit, daß Sie als ordentlicher Mann in die dunkle Affäre zwischen dem Fräulein und diesem Yang Sun aus der Gelben Gasse hineinleuchteten. Vergessen Sie nicht, daß Herr Shu Fu, der Barbier von nebenan, ein Mann, der zwölf Häuser besitzt und nur eine einzige und dazu alte Frau hat, mir gegenüber erst gestern ein schmeichelhaftes Interesse für das Fräulein angedeutet hat. Er hatte sich sogar schon nach ihren Vermögensverhältnissen erkundigt. Das beweist wohl echte Neigung, möchte ich meinen.
Da sie keine Antwort erhält, geht sie endlich mit dem Eimer hinaus.

SUNS STIMME: *von draußen:* Ist das Fräulein Shen Te's Laden?

STIMME DER SHIN: Ja, das ist er. Aber heute ist der Vetter da.
Shui Ta läuft mit den leichten Schritten der Shen Te zu einem Spiegel und will eben beginnen, sich das Haar zu richten, als er im Spiegel den Irrtum bemerkt. Er wendet sich leise lachend ab. * *Eintritt Yang Sun. Hinter ihm kommt neugierig die Shin. Sie geht an ihm vorüber ins Gelaß.*

SUN: Ich bin Yang Sun. *Shui Ta verbeugt sich.* Ist Shen Te da?

SHUI TA: Nein, sie ist nicht da.

SUN: Aber Sie sind wohl im Bild, wie wir zueinander stehen.
Er beginnt den Laden in Augenschein zu nehmen. Ein

leibhaftiger Laden! Ich dachte immer, sie nimmt da den Mund etwas voll.* *Er schaut befriedigt in die Kistchen und Porzellantöpfchen.* Mann, ich werde wieder fliegen! *Er nimmt sich eine Zigarre, und Shui Ta reicht ihm Feuer.* Glauben Sie, wir können noch 300 Silberdollar aus dem Laden herausschlagen?

SHUI TA: Darf ich fragen, haben Sie die Absicht, ihn auf der Stelle zu verkaufen?

SUN: Haben wir denn die 300 bar? *Shui Ta schüttelt den Kopf.* Es war anständig von ihr, daß sie die 200 sofort herausrückte. Aber ohne die 300, die noch fehlen, bringen sie mich nicht weiter.

SHUI TA: Vielleicht war es ein bißchen schnell, daß sie Ihnen das Geld zusagte. Es kann sie den Laden kosten.* Man sagt: Eile heißt der Wind, der das Baugerüst umwirft.*

SUN: Ich brauche das Geld schnell oder gar nicht. Und das Mädchen gehört nicht zu denen, die lang zaudern, wenn es gilt, etwas zu geben. Unter uns Männern: es hat bisher mit nichts gezaudert.*

SHUI TA: So.

SUN: Was nur für sie spricht.

SHUI TA: Darf ich wissen, wozu die 500 Silberdollar dienen würden?

SUN: Sicher. Ich sehe, es soll mir auf den Zahn gefühlt werden. Der Hangarverwalter in Peking, ein Freund von mir aus der Flugschule, kann mir die Stelle verschaffen, wenn ich ihm 500 Silberdollar ausspucke.

SHUI TA: Ist die Summe nicht außergewöhnlich hoch?

SUN: Nein. Er muß eine Nachlässigkeit bei einem Flieger entdecken, der eine große Familie hat und deshalb sehr pflichteifrig ist. Sie verstehen. Das ist übrigens im Vertrauen gesagt, und Shen Te braucht es nicht zu wissen.

SHUI TA: Vielleicht nicht. Nur eines: wird der Hangarverwalter dann nicht im nächsten Monat Sie verkaufen?*

SUN: Nicht mich. Bei mir wird es keine Nachlässigkeit geben. Ich bin lange genug ohne Stelle gewesen.

SHUI TA: *nickt:* Der hungrige Hund zieht den Karren schneller nach Hause. *Er betrachtet ihn eine Zeitlang prüfend.* Die Verantwortung ist sehr groß. Herr Yang Sun, Sie verlangen von meiner Kusine, daß sie ihr kleines Besitztum und alle ihre Freunde in dieser Stadt aufgibt und ihr Schicksal ganz in Ihre Hände legt. Ich nehme an, daß Sie die Absicht haben, Shen Te zu heiraten?

SUN: Dazu wäre ich bereit.

SHUI TA: Aber ist es dann nicht schade, den Laden für ein paar Silberdollar wegzuhökern? Man wird wenig dafür bekommen, wenn man schnell verkaufen muß. Mit den 200 Silberdollar, die Sie in den Händen haben, wäre die Miete für ein halbes Jahr gesichert. Würde es Sie nicht auch locken, das Tabakgeschäft weiterzuführen?

SUN: Mich? Soll man Yang Sun, den Flieger, hinter einem Ladentisch stehen sehen: »Wünschen Sie eine starke Zigarre oder eine milde, geehrter Herr?« Das ist kein Geschäft für die Yang Suns, nicht in diesem Jahrhundert!

SHUI TA: Gestatten Sie mir die Frage, ob die Fliegerei ein Geschäft ist?

SUN: *zieht einen Brief aus der Tasche:* Herr, ich bekomme 250 Silberdollar im Monat! Sehen Sie selber den Brief. Hier ist die Briefmarke und der Stempel. Peking.

SHUI TA: 250 Silberdollar? Das ist viel.

SUN: Meinen Sie, ich fliege umsonst?

SHUI TA: Die Stelle ist anscheinend gut. Herr Yang Sun, meine Kusine hat mich beauftragt, Ihnen zu dieser Stelle als Flieger zu verhelfen, die Ihnen alles bedeutet. Vom Standpunkt meiner Kusine aus sehe ich keinen triftigen Einwand dagegen, daß sie dem Zug ihres Herzens folgt. Sie ist vollkommen berechtigt, der Freuden der Liebe teilhaftig zu werden. Ich bin bereit, alles hier zu Geld zu machen. Da kommt die Hausbesitzerin, Frau Mi Tzü, die ich wegen des Verkaufs um Rat fragen will.

DIE HAUSBESITZERIN: *herein:* Guten Tag, Herr Shui Ta. Es handelt sich wohl um die Ladenmiete, die übermorgen fällig ist.

SHUI TA: Frau Mi Tzü, es sind Umstände eingetreten, die es zweifelhaft gemacht haben, ob meine Kusine den Laden weiterführen wird. Sie gedenkt zu heiraten, und ihr zukünftiger Mann, – *er stellt Yang Sun vor* – Herr Yang Sun, nimmt sie mit sich nach Peking, wo sie eine neue Existenz gründen wollen. Wenn ich für meinen Tabak genug bekomme, verkaufe ich.

DIE HAUSBESITZERIN: Wieviel brauchen Sie denn?

SUN: 300 auf den Tisch.

SHUI TA: *schnell:* Nein, 500!*

DIE HAUSBESITZERIN: *zu Sun:* Vielleicht kann ich Ihnen unter die Arme greifen.* *Zu Shui Ta:* Was hat Ihr Tabak gekostet?

SHUI TA: Meine Kusine hat einmal 1 000 Silberdollar dafür bezahlt, und es ist sehr wenig verkauft worden.

DIE HAUSBESITZERIN: 1 000 Silberdollar! Sie ist natürlich hereingelegt worden. Ich will Ihnen etwas sagen: ich zahle Ihnen 300 Silberdollar für den ganzen Laden, wenn Sie übermorgen ausziehen.

SUN: Das tun wir. Es geht, Alter!

SHUI TA: Es ist zu wenig!

SUN: Es ist genug!

SHUI TA: Ich muß wenigstens 500 haben.

SUN: Wozu?

SHUI TA: Gestatten Sie, daß ich mit dem Verlobten meiner Kusine etwas bespreche. *Beiseite zu Sun:* Der ganze Tabak hier ist verpfändet an zwei alte Leute* für die 200 Silberdollar, die Ihnen gestern ausgehändigt wurden.

SUN: *zögernd:* Ist etwas Schriftliches darüber vorhanden?

SHUI TA: Nein.

SUN: *zur Hausbesitzerin nach einer kleinen Pause:* Wir können es machen mit den 300.

DIE HAUSBESITZERIN: Aber ich müßte noch wissen, ob der Laden schuldenfrei ist.

SUN: Antworten Sie!

SHUI TA: Der Laden ist schuldenfrei.

SUN: Wann wären die 300 zu bekommen?

DIE HAUSBESITZERIN: Übermorgen, und Sie können es sich ja überlegen. Wenn Sie einen Monat Zeit haben mit dem Verkaufen, werden Sie mehr herausholen. Ich zahle 300 und das nur, weil ich gern das Meine tun will, wo es sich anscheinend um ein junges Liebesglück handelt. *Ab.*

SUN: *nachrufend:* Wir machen das Geschäft! Kistchen, Töpfchen und Säcklein, alles für 300, und der Schmerz ist zu Ende. *Zu Shui Ta:* Vielleicht bekommen wir bis übermorgen woanders mehr? Dann könnten wir sogar die 200 zurückzahlen.

SHUI TA: Nicht in der kurzen Zeit. Wir werden keinen Silberdollar mehr haben als die 300 der Mi Tzü. Das Geld für die Reise zu zweit und die erste Zeit* haben Sie?

SUN: Sicher.

SHUI TA: Wieviel ist das?

SUN: Jedenfalls werde ich es auftreiben, und wenn ich es stehlen müßte!

SHUI TA: Ach so, auch diese Summe müßte erst aufgetrieben werden?

SUN: Kipp nicht aus den Schuhen,* Alter. Ich komme schon nach Peking.

SHUI TA: Aber für zwei Leute kann es nicht so billig sein.

SUN: Zwei Leute? Das Mädchen lasse ich doch hier. Sie wäre mir in der ersten Zeit nur ein Klotz am Bein.*

SHUI TA: Ich verstehe.

SUN: Warum schauen Sie mich an wie einen undichten Ölbehälter?* Man muß sich nach der Decke strecken.*

SHUI TA: Und wovon soll meine Kusine leben?

SUN: Können Sie nicht etwas für sie tun?

SHUI TA: Ich werde mich bemühen. *Pause.* Ich wollte, Sie händigten mir die 200 Silberdollar wieder aus, Herr Yang Sun, und ließen sie hier, bis Sie imstande sind, mir zwei Billets nach Peking zu zeigen.

SUN: Lieber Schwager,* ich wollte, du mischtest dich nicht hinein.

SHUI TA: Fräulein Shen Te . . .

SUN: Überlassen Sie das Mädchen ruhig mir.

SHUI TA: . . . wird vielleicht ihren Laden nicht mehr verkaufen wollen, wenn sie erfährt . . .

SUN: Sie wird auch dann.

SHUI TA: Und von meinem Einspruch befürchten Sie nichts?

SUN: Lieber Herr!

SHUI TA: Sie scheinen zu vergessen, daß sie ein Mensch ist und eine Vernunft hat.

SUN: *belustigt:* Was gewisse Leute von ihren weiblichen Verwandten und der Wirkung vernünftigen Zuredens denken, hat mich immer gewundert. Haben Sie schon einmal von der Macht der Liebe oder dem Kitzel des Fleisches gehört? Sie wollen an ihre Vernunft appellieren? Sie hat keine Vernunft! Dagegen ist sie zeitlebens mißhandelt worden,* armes Tier! Wenn ich ihr die Hand auf die Schulter lege und ihr sage »Du gehst mit mir«, hört sie Glocken* und kennt ihre Mutter nicht mehr.

SHUI TA: *mühsam:* Herr Yang Sun!

SUN: Herr Wie-Sie-auch-heißen-mögen!

SHUI TA: Meine Kusine ist Ihnen ergeben, weil . . .

SUN: Wollen wir sagen, weil ich die Hand am Busen habe?

Stopf's in deine Pfeife und rauch's! *Er nimmt sich noch
eine Zigarre, dann steckt er ein paar in die Tasche, und am
Ende nimmt er die Kiste unter den Arm.* Du kommst zu ihr
nicht mit leeren Händen: bei der Heirat bleibt's. Und da
bringt sie die 300, oder du bringst sie, oder sie, oder du!
Ab

DIE SHIN: *steckt den Kopf aus dem Gelaß:* Keine angenehme
Erscheinung! Und die ganze Gelbe Gasse weiß, daß er das
Mädchen vollständig in der Hand hat.

SHUI TA: *aufschreiend:* Der Laden ist weg! Er liebt nicht!
Das ist der Ruin. Ich bin verloren! *Er beginnt
herumzulaufen wie ein gefangenes Tier, immerzu
wiederholend:* »Der Laden ist weg!«, *bis er plötzlich
stehenbleibt und die Shin anredet:* Shin, Sie sind am
Rinnstein aufgewachsen, und so bin ich es. Sind wir
leichtfertig? Nein. Lassen wir es an der nötigen Brutalität
fehlen?* Nein. Ich bin bereit, Sie am Hals zu nehmen* und
Sie solang zu schütteln, bis Sie den Käsch ausspucken, den
Sie mir gestohlen haben, Sie wissen es. Die Zeiten sind
furchtbar, diese Stadt ist eine Hölle, aber wir krallen uns
an der glatten Mauer hoch.* Dann ereilt einen von uns das
Unglück: er liebt. Das genügt, er ist verloren. Eine
Schwäche und man ist abserviert.* Wie soll man sich von
allen Schwächen freimachen, vor allem von der tödlich-
sten, der Liebe? Sie ist ganz unmöglich! Sie ist zu
teuer! Freilich, sagen Sie selbst, kann man leben, immer
auf der Hut? Was ist das für eine Welt?

Die Liebkosungen gehen in Würgungen über.
Der Liebesseufzer verwandelt sich in den Angstschrei.
Warum kreisen die Geier dort?*
Dort geht eine zum Stelldichein!

DIE SHIN: Ich denke, ich hole lieber gleich den Barbier. Sie
müssen mit dem Barbier reden. Das ist ein Ehrenmann.
Der Barbier, das ist der Richtige für Ihre Kusine.
*Da sie keine Antwort erhält, läuft sie weg. Shui Ta läuft
wieder herum, bis Herr Shu Fu eintritt, gefolgt von der*

*Shin, die sich jedoch auf einen Wink Herrn Shu Fu's
zurückziehen muß.*

SHUI TA: *eilt ihm entgegen:* Lieber Herr, vom Hörensagen
weiß ich, daß Sie für meine Kusine einiges Interesse
angedeutet haben. Lassen Sie mich alle Gebote der
Schicklichkeit, die Zurückhaltung fordern, beiseite
setzen, denn das Fräulein ist im Augenblick in größter
Gefahr.

HERR SHU FU: Oh!

SHUI TA: Noch vor wenigen Stunden im Besitz eines eigenen
Ladens, ist meine Kusine jetzt wenig mehr als eine
Bettlerin. Herr Shu Fu, dieser Laden ist ruiniert.

HERR SHU FU: Herr Shui Ta, der Zauber Fräulein Shen Te's
besteht kaum in der Güte ihres Ladens, sondern in der
Güte ihres Herzens. Der Name, den dieses Viertel dem
Fräulein verlieh, sagt alles: Der Engel der Vorstädte!

SHUI TA: Lieber Herr, diese Güte hat meine Kusine an einem
einzigen Tage 200 Silberdollar gekostet! Da muß ein Riegel
vorgeschoben werden.*

HERR SHU FU: Gestatten Sie, daß ich eine abweichende
Meinung äußere: dieser Güte muß der Riegel erst recht
eigentlich geöffnet werden. Es ist die Natur des Fräuleins,
Gutes zu tun. Was bedeutet da die Speisung von vier
Menschen, die ich sie jeden Morgen mit Rührung
vornehmen sehe! Warum darf sie nicht vierhundert
speisen? Ich höre, sie zerbricht sich zum Beispiel den
Kopf, wie ein paar Obdachlose unterbringen.* Meine
Häuser hinter dem Viehhof stehen leer. Sie sind zu ihrer
Verfügung usw. usw. Herr Shui Ta, dürfte ich hoffen, daß
solche Ideen, die mir in den letzten Tagen gekommen sind,
bei Fräulein Shen Te Gehör finden könnten?

SHUI TA: Herr Shu Fu, sie wird so hohe Gedanken mit
Bewunderung anhören.
*Herein Wang mit dem Polizisten. Herr Shu Fu wendet sich
um und studiert die Stellagen.*

WANG: Ist Fräulein Shen Te hier?

SHUI TA: Nein.

WANG: Ich bin Wang, der Wasserverkäufer. Sie sind wohl Herr Shui Ta?

SHUI TA: Ganz richtig. Guten Tag, Wang.

WANG: Ich bin befreundet mit Shen Te.

SHUI TA: Ich weiß, daß Sie einer Ihrer ältesten Freunde sind.

WANG: *zum Polizisten:* Sehen Sie? *Zu Shui Ta:* Ich komme wegen meiner Hand.

DER POLIZIST: Kaputt ist sie, das ist nicht zu leugnen.

SHUI TA: *schnell:* Ich sehe, Sie brauchen eine Schlinge für den Arm.
Er holt aus dem Gelaß einen Shawl und wirft ihn Wang zu.

WANG: Aber das ist doch der neue Shawl!

SHUI TA: Sie braucht ihn nicht mehr.*

WANG: Aber sie hat ihn gekauft, um jemand Bestimmtem zu gefallen.

SHUI TA: Das ist nicht mehr nötig, wie es sich herausgestellt hat.

WANG: *macht sich eine Schlinge aus dem Shawl:* Sie ist meine einzige Zeugin.

DER POLIZIST: Ihre Kusine soll gesehen haben, wie der Barbier Shu Fu mit der Brennschere nach dem Wasserverkäufer geschlagen hat. Wissen Sie davon?

SHUI TA: Ich weiß nur, daß meine Kusine selbst nicht zur Stelle war, als der kleine Vorfall sich abspielte.

WANG: Das ist ein Mißverständnis! Lassen Sie Shen Te erst da sein, und alles klärt sich auf. Shen Te wird alles bezeugen. Wo ist sie?

SHUI TA: *ernst:* Herr Wang, Sie nennen sich einen Freund meiner Kusine. Meine Kusine hat eben jetzt sehr große Sorgen. Sie ist von allen Seiten erschreckend ausgenutzt worden. Sie kann sich in Zukunft nicht mehr die

allerkleinste Schwäche leisten. Ich bin überzeugt, Sie
werden nicht verlangen, daß sie sich vollends um alles
bringt,* indem sie in Ihrem Fall anderes als die Wahrheit
sagt.

WANG: *verwirrt:* Aber ich bin auf ihren Rat zum Richter
gegangen.

SHUI TA: Sollte der Richter Ihre Hand heilen?

DER POLIZIST: Nein, Aber er sollte den Barbier zahlen
machen.
Herr Shu Fu dreht sich um.

SHUI TA: Herr Wang, es ist eines meiner Prinzipien, mich
nicht in einen Streit zwischen meinen Freunden zu
mischen.
*Shui Ta verbeugt sich vor Herrn Shu Fu, der sich zurück-
verbeugt.*

WANG: *die Schlinge wieder abnehmend und sie zurück-
legend, traurig:* Ich verstehe.

DER POLIZIST: Worauf ich wohl wieder gehen kann. Du bist
mit deinem Schwindel an den Unrechten gekommen,
nämlich an einen ordentlichen Mann. Sei das nächste Mal
ein wenig vorsichtiger mit deinen Anklagen, Kerl. Wenn
Herr Shu Fu nicht Gnade vor Recht ergehen läßt, kannst du
noch wegen Ehrabschneidung ins Kittchen kommen.* Ab
jetzt!
Beide ab.

SHUI TA: Ich bitte, den Vorgang zu entschuldigen.

HERR SHU FU: Er ist entschuldigt. *Dringend:* Und die Sache
mit diesem »bestimmten Jemand« – *er zeigt auf den
Shawl* – ist wirklich vorüber? Ganz aus?

SHUI TA: Ganz. Er ist durchschaut.* Freilich, es wird Zeit
nehmen, bis alles verwunden ist.

HERR SHU FU: Man wird vorsichtig sein, behutsam.

SHUI TA: Da sind frische Wunden.*

HERR SHU FU: Sie wird aufs Land reisen.

SHUI TA: Einige Wochen. Sie wird jedoch froh sein, zuvor alles besprechen zu können mit jemand, dem sie vertrauen kann.

HERR SHU FU: Bei einem kleinen Abendessen, in einem kleinen, aber guten Restaurant.

SHUI TA: In diskreter Weise. Ich beeile mich, meine Kusine zu verständigen. Sie wird sich vernünftig zeigen. Sie ist in großer Unruhe wegen ihres Ladens, den sie als Geschenk der Götter betrachtet. Gedulden Sie sich ein paar Minuten. *Ab in das Gelaß.*

DIE SHIN: *steckt den Kopf herein:* Kann man gratulieren?

HERR SHU FU: Man kann. Frau Shin, richten Sie heute noch Fräulein Shen Te's Schützlingen von mir aus,* daß ich ihnen in meinen Häusern hinter dem Viehhof Unterkunft gewähre.

Sie nickt grinsend.

HERR SHU FU: *aufstehend, zum Publikum:* Wie finden Sie mich, meine Damen und Herren? Kann man mehr tun? Kann man selbstloser sein? Feinfühliger? Weitblickender? Ein kleines Abendessen! Was denkt man sich doch dabei gemeinhin Ordinäres und Plumpes!* Und nichts wird davon geschehen, nichts. Keine Berührung, nicht einmal eine scheinbar zufällige beim Reichen des Salznäpfchens! Nur ein Austausch von Ideen wird stattfinden. Zwei Seelen werden sich finden, über den Blumen des Tisches. Weiße Chrysanthemen übrigens. *Er notiert sich das.* Nein, hier wird nicht eine unglückliche Lage ausgenutzt, hier wird kein Vorteil aus einer Enttäuschung gezogen. Verständnis und Hilfe wird geboten, aber beinahe lautlos. Nur mit einem Blick wird das vielleicht anerkannt werden, einem Blick, der auch mehr bedeuten kann.

DIE SHIN: So ist alles nach Wunsch gegangen, Herr Shu Fu?

HERR SHU FU: Oh, ganz nach Wunsch! Es wird vermutlich Veränderungen in dieser Gegend geben. Ein gewisses

Subjekt* hat den Laufpaß bekommen, und einige
Anschläge* auf diesen Laden werden zu Fall gebracht
werden. Gewisse Leute, die sich nicht entblöden, dem Ruf
des keuschesten Mädchens dieser Stadt zu nahe zu treten,*
werden es in Zukunft mit mir zu tun bekommen. Was
wissen Sie von diesem Yang Sun?

DIE SHIN: Er ist der schmutzigste, faulste . . .

HERR SHU FU: Er ist nichts. Es gibt ihn nicht. Er ist nicht
vorhanden, Shin.
Herein Sun.

SUN: Was geht hier vor?

DIE SHIN: Herr Shu Fu, wünschen Sie, daß ich Herrn Shui Ta
rufe? Er wird nicht wollen, daß sich hier fremde Leute im
Laden herumtreiben.

HERR SHU FU: Fräulein Shen Te hat eine wichtige Besprechung mit Herrn Shui Ta,* die nicht unterbrochen werden
darf.

SUN: Was, sie ist hier? Ich habe sie gar nicht hineingehen
sehen! Was ist das für eine Besprechung? Da muß ich
teilnehmen!

HERR SHU FU: *hindert ihn, ins Gelaß zu gehen:* Sie werden
sich zu gedulden haben, mein Herr. Ich denke, ich weiß,
wer Sie sind. Nehmen Sie zur Kenntnis, daß Fräulein Shen
Te und ich vor der Bekanntgabe unserer Verlobung stehen.

SUN: Was?

DIE SHIN: Das setzt Sie in Erstaunen, wie?
*Sun ringt mit dem Barbier, um ins Gelaß zu kommen,
heraus tritt Shen Te.*

HERR SHU FU: Entschuldigen Sie, liebe Shen Te. Vielleicht
erklären Sie . . .

SUN: Was ist da los, Shen Te? Bist du verrückt geworden?

SHEN TE: *atemlos:* Sun, mein Vetter und Herr Shu Fu sind
übereingekommen, daß ich Herrn Shu Fu's Ideen anhöre,
wie man den Leuten in diesem Viertel helfen könnte.

Pause. Mein Vetter ist gegen unsere Beziehung.

SUN: Und du bist einverstanden?

SHEN TE: Ja.

Pause.

SUN: Haben sie dir gesagt, ich bin ein schlechter Mensch?
Shen Te schweigt.
Denn das bin ich vielleicht, Shen Te. Und das ist es,
warum ich dich brauche. Ich bin ein niedriger Mensch.
Ohne Kapital, ohne Manieren. Aber ich wehre mich. Sie
treiben dich in dein Unglück, Shen Te! *Er geht zu ihr.*
Gedämpft: Sieh ihn doch an! Hast du keine Augen im
Kopf? *Mit der Hand auf ihrer Schulter:* Armes Tier,
wozu wollten sie dich jetzt wieder bringen? In eine
Vernunftheirat? Ohne mich hätten sie dich einfach auf die
Schlachtbank geschleift.* Sag selber, ob du ohne mich
nicht mit ihm weggegangen wärst?

SHEN TE: Ja.

SUN: Einem Mann, den du nicht liebst!

SHEN TE: Ja.

SUN: Hast du alles vergessen? Wie es regnete?*

SHEN TE: Nein.

SUN: Wie du mich vom Ast geschnitten, wie du mir ein Glas
Wasser gekauft, wie du mir das Geld versprochen hast, daß
ich wieder fliegen kann?

SHEN TE: *zitternd:* Was willst du?

SUN: Daß du mit mir weggehst.

SHEN TE: Herr Shu Fu, verzeihen Sie mir, ich will mit Sun
weggehen.

SUN: Wir sind Liebesleute, wissen Sie. *Er führt sie zur Tür.*
Wo hast du den Ladenschlüssel? *Er nimmt ihn aus ihrer*
Tasche und gibt ihn der Shin. Legen Sie ihn auf die
Türschwelle, wenn Sie fertig sind.* Komm, Shen Te.

HERR SHU FU: Aber das ist ja eine Vergewaltigung! *Schreit*
nach hinten: Herr Shui Ta!

SUN: Sag ihm, er soll hier nicht herumbrüllen.

SHEN TE: Bitte rufen Sie meinen Vetter nicht, Herr Shu Fu.
Er ist nicht einig mit mir, ich weiß es. Aber er hat nicht
recht, ich fühle es. *Zum Publikum*:

Ich will mit dem gehen, den ich liebe.
Ich will nicht ausrechnen, was es kostet.
Ich will nicht nachdenken, ob es gut ist.
Ich will nicht wissen, ob er mich liebt.
Ich will mit ihm gehen, den ich liebe.

SUN: So ist es.
Beide gehen ab.

ZWISCHENSPIEL VOR DEM VORHANG

Shen Te, im Hochzeitsschmuck auf dem Weg zur Hochzeit, wendet sich an das Publikum.

SHEN TE: Ich habe ein schreckliches Erlebnis gehabt. Als ich aus der Tür trat, lustig und erwartungsvoll, stand die alte Frau des Teppichhändlers auf der Straße und erzählte mir zitternd, daß ihr Mann vor Aufregung und Sorge um das Geld, das sie mir geliehen haben, krank geworden ist. Sie hielt es für das Beste, wenn ich ihr das Geld jetzt auf jeden Fall zurückgäbe. Ich versprach es natürlich. Sie war sehr erleichtert und wünschte mir weinend alles Gute, mich um Verzeihung bittend, daß sie meinem Vetter und leider auch Sun nicht voll vertrauen könnten. Ich mußte mich auf die Treppe setzen, als sie weg war, so erschrocken war ich über mich. In einem Aufruhr der Gefühle hatte ich mich Yang Sun wieder in die Arme geworfen. Ich konnte seiner Stimme und seinen Liebkosungen nicht widerstehen. Das Böse, was er Shui Ta gesagt hatte, hatte Shen Te nicht belehren können. In seine Arme sinkend, dachte ich noch: die Götter haben auch gewollt, daß ich zu mir gut bin.

Keinen verderben zu lassen, auch nicht sich selber
Jeden mit Glück zu erfüllen, auch sich, das ist gut.

Wie habe ich die beiden guten Alten einfach vergessen können! Sun hat wie ein kleiner Hurrikan in Richtung Peking meinen Laden einfach weggefegt und mit ihm alle meine Freunde. Aber er ist nicht schlecht, und er liebt mich. Solang ich um ihn bin, wird er nichts Schlechtes tun. Was ein Mann zu Männern sagt, das bedeutet nichts. Da will er groß und mächtig erscheinen und besonders hartgekocht. Wenn ich ihm sage, daß die beiden Alten ihre Steuern nicht bezahlen können, wird er alles verstehen. Lieber wird er in die Zementfabrik gehen, als sein Fliegen einer Untat verdanken zu wollen. Freilich, das Fliegen ist bei ihm eine große Leidenschaft. Werde ich stark genug sein, das Gute in ihm anzurufen? Jetzt, auf dem Weg zur Hochzeit, schwebe ich zwischen Furcht und Freude.
Sie geht schnell weg.

6

Nebenzimmer eines billigen Restaurants in der Vorstadt

Ein Kellner schenkt der Hochzeitsgesellschaft Wein ein. Bei Shen Te stehen der Großvater, die Schwägerin, die Nichte, die Shin und der Arbeitslose. In der Ecke steht allein ein Bonze. Vorn spricht Sun mit seiner Mutter, Frau Yang. Er trägt einen Smoking.

SUN: Etwas Unangenehmes, Mama. Sie hat mir eben in aller Unschuld gesagt, daß sie den Laden nicht für mich verkaufen kann. Irgendwelche Leute* erheben eine Forderung, weil sie ihr die 200 Silberdollar geliehen haben, die sie dir gab. Dabei sagt ihr Vetter, daß überhaupt nichts Schriftliches vorliegt.

FRAU YANG: Was hast du ihr geantwortet? Du kannst sie natürlich nicht heiraten.

SUN: Es hat keinen Sinn, mit ihr über so etwas zu reden, sie ist zu dickköpfig. Ich habe nach ihrem Vetter geschickt.

FRAU YANG: Aber der will sie doch mit dem Barbier verheiraten.

SUN: Diese Heirat habe ich erledigt. Der Barbier ist vor den Kopf gestoßen worden.* Ihr Vetter wird schnell begreifen, daß der Laden weg ist, wenn ich die 200 nicht mehr herausrücke, weil dann die Gläubiger ihn beschlagnahmen, daß aber auch die Stelle weg ist, wenn ich die 300 nicht noch bekomme.*

FRAU YANG: Ich werde vor dem Restaurant nach ihm ausschauen.* Geh jetzt zu deiner Braut, Sun!

SHEN TE: *beim Weineinschenken zum Publikum:* Ich habe mich nicht in ihm geirrt. Mit keiner Miene hat er Enttäuschung gezeigt. Trotz des schweren Schlages, den für ihn der Verzicht auf das Fliegen bedeuten muß, ist er vollkommen heiter. Ich liebe ihn sehr. *Sie winkt Sun zu sich.* Sun, mit der Braut hast du noch nicht angestoßen!

SUN: Worauf soll es sein?

SHEN TE: Es soll auf die Zukunft sein.

Sie trinken.

SUN: Wo der Smoking des Bräutigams nicht mehr nur geliehen ist.

SHEN TE: Aber das Kleid der Braut noch mitunter in den Regen kommt.

SUN: Auf alles, was wir uns wünschen!

SHEN TE: Daß es schnell eintrifft!

FRAU YANG: *im Abgehen zur Shin:* Ich bin entzückt von meinem Sohn. Ich habe ihm immer eingeschärft, daß er jede bekommen kann. Warum, er ist als Mechaniker ausgebildet und Flieger. Und was sagt er mir jetzt? Ich heirate aus Liebe, Mama, sagt er. Geld ist nicht alles. Es ist eine Liebesheirat! *Zur Schwägerin:* Einmal muß es ja sein, nicht wahr? Aber es ist schwer für eine Mutter, es ist schwer. *Zum Bonzen zurückrufend:* Machen Sie es nicht zu kurz. Wenn Sie sich zu der Zeremonie ebensoviel Zeit nehmen wie zum Aushandeln der Taxe,* wird sie würdig sein. *Zu Shen Te:* Wir müssen allerdings noch ein wenig aufschieben, meine Liebe. Einer der teuersten Gäste ist noch nicht eingetroffen. *Zu allen:* Entschuldigt, bitte. *Ab*

DIE SCHWÄGERIN: Man geduldet sich gern, so lang es Wein gibt.

Sie setzen sich.

DER ARBEITSLOSE: Man versäumt nichts.

SUN: *laut und spaßhaft vor den Gästen:* Und vor der Verehelichung muß ich noch ein kleines Examen abhalten mit dir. Das ist wohl nicht unnötig, wenn so schnelle Hochzeiten beschlossen werden. *Zu den Gästen:* Ich weiß gar nicht, was für eine Frau ich bekomme. Das beunruhigt mich. Kannst du zum Beispiel aus drei Teeblättern fünf Tassen Tee kochen?

SHEN TE: Nein.

SUN: Ich werde also keinen Tee bekommen. Kannst du auf einem Strohsack von der Größe des Buches schlafen, das der Priester liest?

SHEN TE: Zu zweit?

SUN: Allein.

SHEN TE: Dann nicht.

SUN: Ich bin entsetzt, was für eine Frau ich bekomme.
Alle lachen. Hinter Shen Te tritt Frau Yang in die Tür. Sie bedeutet Sun durch ein Achselzucken, daß der erwartete Gast nicht zu sehen ist.

FRAU YANG: *zum Bonzen, der ihr seine Uhr zeigt:* Haben Sie doch nicht solche Eile. Es kann sich doch nur noch um Minuten handeln. Ich sehe, man trinkt und man raucht und niemand hat Eile. *Sie setzt sich zu den Gästen.*

SHEN TE: Aber müssen wir nicht darüber reden, wie wir alles ordnen werden?

FRAU YANG: Oh, bitte nichts von Geschäften heute! Das bringt einen so gewöhnlichen Ton in eine Feier, nicht? *Die Eingangsglocke bimmelt. Alles schaut zur Tür, aber niemand tritt ein.*

SHEN TE: Auf wen wartet deine Mutter, Sun?

SUN: Das soll eine Überraschung für dich sein. Was macht übrigens dein Vetter Shui Ta? Ich habe mich gut mit ihm verstanden. Ein sehr vernünftiger Mensch! Ein Kopf! Warum sagst du nichts?

SHEN TE: Ich weiß nicht. Ich will nicht an ihn denken.

SUN: Warum nicht?

SHEN TE: Weil du dich nicht mit ihm verstehen sollst. Wenn du mich liebst, kannst du ihn nicht lieben.

SUN: Dann sollen ihn die drei Teufel holen: der Bruchteufel, der Nebelteufel und der Gasmangelteufel!* Trink, Dickköpfige! *Er nötigt sie.*

DIE SCHWÄGERIN: *zur Shin:* Hier stimmt etwas nicht.

DIE SHIN: Haben Sie etwas anderes erwartet?

DER BONZE: *tritt resolut zu Frau Yang, die Uhr in der Hand:* Ich muß weg, Frau Yang. Ich habe noch eine zweite Hochzeit und morgen früh ein Begräbnis.

FRAU YANG: Meinen Sie, es ist mir angenehm, daß alles hinausgeschoben wird? Wir hofften mit einem Krug Wein auszukommen. Sehen Sie jetzt, wie er zur Neige geht.* *Laut zu Shen Te:* Ich verstehe nicht, liebe Shen Te, warum deiṅ Vetter so lang auf sich warten läßt!

SHEN TE: Mein Vetter?

FRAU YANG: Aber, meine Liebe, er ist es doch, den wir erwarten. Ich bin altmodisch genug zu meinen, daß ein so naher Verwandter der Braut bei der Hochzeit zugegen sein muß.

SHEN TE: Oh, Sun, ist es wegen der 300 Silberdollar?

SUN: *ohne sie anzusehen:* Du hörst doch, warum es ist. Sie ist altmodisch. Ich nehme da Rücksicht. Wir warten eine kleine Viertelstunde, und wenn er dann nicht gekommen ist, da die drei Teufel ihn im Griff haben, fangen wir an!

FRAU YANG: Sie wissen wohl alle schon, daß mein Sohn eine Stelle als Postflieger bekommt. Das ist mir sehr angenehm. In diesen Zeiten muß man gut verdienen.

DIE SCHWÄGERIN: Es soll in Peking sein, nicht wahr?

FRAU YANG: Ja, in Peking.

SHEN TE: Sun, du mußt es deiner Mutter sagen, daß aus Peking nichts werden kann.

SUN: Dein Vetter wird es ihr sagen, wenn er so denkt wie du. Unter uns: ich denke nicht so.

SHEN TE: *erschrocken:* Sun!

SUN: Wie ich dieses Sezuan hasse! Und was für eine Stadt! Weißt du, wie ich sie alle sehe, wenn ich die Augen halb zumache? Als Gäule. Sie drehen bekümmert die Hälse hoch: was donnert da über sie weg? Wie, sie werden nicht mehr benötigt? Was, ihre Zeit ist schon um? Sie können sich zu Tode beißen in ihrer Gäulestadt!* Ach, hier herauskommen!

SHEN TE: Aber ich habe den Alten ihr Geld zurückversprochen.

SUN: Ja, das hast du mir gesagt. Und da du solche Dummheit machst, ist es gut, daß dein Vetter kommt. Trink und überlaß das Geschäftliche uns! Wir erledigen das.

SHEN TE: *entsetzt:* Aber mein Vetter kann nicht kommen!

SUN: Was heißt das?

SHEN TE: Er ist nicht mehr da.

SUN: Und wie denkst du dir unsere Zukunft, willst du mir das sagen?

SHEN TE: Ich dachte, du hast noch die 200 Silberdollar. Wir können sie morgen zurückgeben und den Tabak behalten, der viel mehr wert ist, und ihn zusammen vor der Zementfabrik verkaufen, weil wir die Halbjahresmiete ja nicht bezahlen können.

SUN: Vergiß das! Vergiß das schnell, Schwester! Ich soll mich auf die Straße stellen und Tabak verramschen an die Zementarbeiter, ich, Yang Sun, der Flieger! Lieber bringe ich die 200 in einer Nacht durch,* lieber schmeiße ich sie in den Fluß! Und dein Vetter kennt mich. Mit ihm habe ich ausgemacht, daß er die 300 zur Hochzeit bringt.

SHEN TE: Mein Vetter kann nicht kommen.

SUN: Und ich dachte, er kann nicht wegbleiben.

SHEN TE: Wo ich bin, kann er nicht sein.

SUN: Wie geheimnisvoll!

SHEN TE: Sun, das mußt du wissen, er ist nicht dein Freund. Ich bin es, die dich liebt. Mein Vetter Shui Ta liebt niemand. Er ist mein Freund, aber er ist keiner meiner Freunde Freund. Er war damit einverstanden, daß du das Geld der beiden Alten bekamst, weil er an die Fliegerstelle in Peking dachte. Aber er wird dir die 300 Silberdollar nicht zur Hochzeit bringen.

SUN: Und warum nicht?

SHEN TE: *ihm in die Augen sehend:* Er sagt, du hast nur ein Billett nach Peking gekauft.

SUN: Ja, das war gestern, aber sieh her, was ich ihm heute zeigen kann! *Er zieht zwei Zettel halb aus der Brusttasche.* Die Alte braucht es nicht zu sehen. Das sind zwei Billette nach Peking, für mich und für dich. Meinst du noch, daß dein Vetter gegen die Heirat ist?

SHEN TE: Nein. Die Stelle ist gut.* Und meinen Laden habe ich nicht mehr.

SUN: Deinetwegen habe ich die Möbel verkauft.*

SHEN TE: Sprich nicht weiter! Zeig mir nicht die Billette! Ich spüre eine zu große Furcht, ich könnte einfach mit dir gehen. Aber, Sun, ich kann dir die 300 Silberdollar nicht geben,* denn was soll aus den beiden Alten werden?

SUN: Was aus mir? *Pause.* Trink lieber! Oder gehörst du zu den Vorsichtigen? Ich mag keine vorsichtige Frau. Wenn ich trinke, fliege ich wieder. Und du, wenn du trinkst, dann verstehst du mich vielleicht, möglicherweise.

SHEN TE: Glaub nicht, ich verstehe dich nicht. Daß du fliegen willst, und ich kann dir nicht dazu helfen.

SUN: »Hier ein Flugzeug, Geliebter, aber es hat nur einen Flügel!«*

SHEN TE: Sun, zu der Stelle in Peking können wir nicht ehrlich kommen. Darum brauche ich die 200 Silberdollar wieder, die du von mir bekommen hast. Gib sie mir gleich, Sun!

SUN: »Gib sie mir gleich, Sun!« Von was redest du eigentlich? Bist du meine Frau oder nicht? Denn du verrätst mich, das weißt du doch? Zum Glück, auch zu dem deinen, kommt es nicht mehr auf dich an, da alles ausgemacht ist.*

FRAU YANG: *eisig:* Sun, bist du sicher, daß der Vetter der Braut kommt? Es könnte beinahe erscheinen, er hat etwas gegen diese Heirat, da er ausbleibt.

SUN: Wo denkst du hin, Mama! Er und ich sind ein Herz und eine Seele. Ich werde die Tür weit aufmachen, damit er uns sofort findet, wenn er gelaufen kommt, seinem Freund Sun den Brautführer zu machen. *Er geht zur Tür und stößt sie mit dem Fuß auf. Dann kehrt er, etwas schwankend, da er schon zu viel getrunken hat, zurück und setzt sich wieder zu Shen Te.* Wir warten. Dein Vetter hat mehr Vernunft als du. Die Liebe, sagt er weise, gehört zur Existenz. Und, was wichtiger ist, er weiß, was es für dich bedeutet: kein Laden mehr und auch keine Heirat!
Es wird gewartet.

FRAU YANG: Jetzt!
Man hört Schritte und alle schauen nach der Tür. Aber die Schritte gehen vorüber.

DIE SHIN: Es wird ein Skandal. Man kann es fühlen, man kann es riechen. Die Braut wartet auf die Hochzeit, aber der Bräutigam wartet auf den Herrn Vetter.

SUN: Der Herr Vetter läßt sich Zeit.

SHEN TE: *leise:* Oh, Sun!

SUN: Hier zu sitzen mit den Billetten in der Tasche und eine Närrin daneben, die nicht rechnen kann! Und ich sehe den Tag kommen, wo du mir die Polizei ins Haus schickst, damit sie 200 Silberdollar abholt.

SHEN TE: *zum Publikum:* Er ist schlecht und er will, daß auch ich schlecht sein soll. Hier bin ich, die ihn liebt, und er wartet auf den Vetter. Aber um mich sitzen die Verletzlichen, die Greisin mit dem kranken Mann, die Armen, die am Morgen vor der Tür auf den Reis warten, und ein unbekannter Mann aus Peking,* der um seine Stelle besorgt ist. Und sie alle beschützen mich,* indem sie mir alle vertrauen.

SUN: *starrt auf den Glaskrug, in dem der Wein zur Neige gegangen ist:* Der Glaskrug mit dem Wein ist unsere Uhr. Wir sind arme Leute, und wenn die Gäste den Wein getrunken haben, ist sie abgelaufen für immer.

Frau Yang bedeutet ihm zu schweigen, denn wieder werden Schritte hörbar.

DER KELLNER: *herein:* Befehlen Sie noch einen Krug Wein, Frau Yang?

FRAU YANG: Nein, ich denke, wir haben genug. Der Wein macht einen nur warm, nicht?*

DIE SHIN: Er ist wohl auch teuer.

FRAU YANG: Ich komme immer ins Schwitzen durch das Trinken.

DER KELLNER: Dürfte ich dann um die Begleichung der Rechnung bitten?

FRAU YANG: *überhört ihn:* Ich bitte die Herrschaften, sich noch ein wenig zu gedulden, der Verwandte muß ja unterwegs sein. *Zum Kellner:* Stör die Feier nicht!

DER KELLNER: Ich darf Sie nicht ohne die Begleichung der Rechnung weglassen.

FRAU YANG: Aber man kennt mich doch hier!

DER KELLNER: Eben.

FRAU YANG: Unerhört, die Bedienung heutzutage! Was sagst du dazu, Sun?

DER BONZE: Ich empfehle mich. *Gewichtig ab.*

FRAU YANG: *verzweifelt:* Bleibt alle ruhig sitzen! Der Priester kommt in wenigen Minuten zurück.

SUN: Laß nur, Mama. Meine Herrschaften, nachdem der Priester gegangen ist, können wir Sie nicht mehr zurückhalten.

DIE SCHWÄGERIN: Komm, Großvater!

DER GROSSVATER: *leert ernst sein Glas:* Auf die Braut!

DIE NICHTE: *zu Shen Te:* Nehmen Sie es ihm nicht übel.* Er meint es freundlich. Er hat Sie gern.

DIE SHIN: Das nenne ich eine Blamage!
Alle Gäste gehen ab.

SHEN TE: Soll ich auch gehen, Sun?

SUN: Nein, du wartest. *Er zerrt sie an ihrem Brautschmuck,** *so daß er schief zu sitzen kommt.* Ist es nicht deine Hochzeit? Ich warte noch, und die Alte wartet auch noch. Sie jedenfalls wünscht den Falken in den Wolken.* Ich glaube jetzt freilich fast, das wird am Sankt Nimmerleinstag* sein, wo sie vor die Tür tritt und sein Flugzeug donnert über ihr Haus. *Nach den leeren Sitzen hin, als seien die Gäste noch da:* Meine Damen und Herren wo bleibt die Konversation? Gefällt es Ihnen nicht hier? Die Hochzeit ist doch nur ein wenig verschoben, des erwarteten wichtigen Verwandten wegen, und weil die Braut nicht weiß, was Liebe ist. Um Sie zu unterhalten, werde ich, der Bräutigam, Ihnen ein Lied vorsingen. *Er singt:*

»DAS LIED VOM SANKT NIMMERLEINSTAG«

Eines Tags, und das hat wohl ein jeder gehört
Der in ärmlicher Wiege lag
Kommt des armen Weibs Sohn auf 'nen
     goldenen Thron
Und der Tag heißt Sankt Nimmerleinstag.
    Am Sankt Nimmerleinstag
    Sitzt er auf 'nem goldenen Thron.

Und an diesem Tag zahlt die Güte sich aus*
Und die Schlechtigkeit kostet den Hals
Und Verdienst und Verdienen, die machen gute Mienen*
Und tauschen Brot und Salz.
    Am Sankt Nimmerleinstag
    Da tauschen sie Brot und Salz.

Und das Gras sieht auf den Himmel hinab
Und den Fluß hinauf rollt der Kies*
Und der Mensch ist nur gut. Ohne daß er mehr tut
Wird die Erde zum Paradies.
    Am Sankt Nimmerleinstag
    Wird die Erde zum Paradies.

Und an diesem Tag werd ich Flieger sein
Und ein General bist du.
Und du Mann mit zuviel Zeit kriegst endlich Arbeit
Und du armes Weib kriegst Ruh.
   Am Sankt Nimmerleinstag
   Kriegst armes Weib du Ruh.

Und weil wir gar nicht mehr warten können
Heißt es, alles dies sei
Nicht erst auf die Nacht um halb acht oder acht
Sondern schon beim Hahnenschrei.
   Am Sankt Nimmerleinstag
   Beim ersten Hahnenschrei.

FRAU YANG: Er kommt nicht mehr.
Die drei sitzen, und zwei von ihnen schauen nach der Tür.

ZWISCHENSPIEL

Wangs Nachtlager

Wieder erscheinen dem Wasserverkäufer im Traum die Götter. Er ist über einem großen Buch eingeschlafen. Musik.

WANG: Gut, daß ihr kommt, Erleuchtete! Gestattet eine Frage, die mich tief beunruhigt. In der zerfallenen Hütte eines Priesters, der weggezogen und Hilfsarbeiter in der Zementfabrik* geworden ist, fand ich ein Buch, und darin entdeckte ich eine merkwürdige Stelle. Ich möchte sie unbedingt vorlesen. Hier ist sie.

Er blättert mit der Linken in einem imaginären Buch,* über dem Buch, das er im Schoß hat, und hebt dieses imaginäre Buch zum Lesen hoch, während das richtige liegenbleibt.

WANG: »In Sung ist ein Platz namens Dornhain. Dort gedeihen Katalpen,* Zypressen und Maulbeerbäume. Die Bäume nun, die ein oder zwei Spannen im Umfang haben, die werden abgehauen von den Leuten, die Stäbe für ihre Hundekäfige wollen. Die drei, vier Fuß im Umfang haben, werden abgehauen von den vornehmen und reichen Familien, die Bretter suchen für ihre Särge. Die mit sieben, acht Fuß Umfang werden abgehauen von denen, die nach Balken suchen für ihre Luxusvillen. So erreichen sie alle nicht ihrer Jahre Zahl, sondern gehen auf halbem Wege zugrunde durch Säge und Axt. Das ist das Leiden der Brauchbarkeit.«

DER DRITTE GOTT: Aber da wäre ja der Unnützeste der Beste.

WANG: Nein, nur der Glücklichste. Der Schlechteste ist der Glücklichste.*

DER ERSTE GOTT: Was doch alles geschrieben wird!

DER ZWEITE GOTT: Warum bewegt dich dieses Gleichnis so tief, Wasserverkäufer?

WANG: Shen Te's wegen,* Erleuchteter! Sie ist in ihrer Liebe gescheitert, weil sie die Gebote der Nächstenliebe befolgte. Vielleicht ist sie wirklich zu gut für diese Welt, Erleuchtete!

DER ERSTE GOTT: Unsinn! Du schwacher, elender Mensch! Die Läuse und die Zweifel haben dich halb aufgefressen, scheint es.*

WANG: Sicher, Erleuchteter! Entschuldige! Ich dachte nur, Ihr könntet vielleicht eingreifen.

DER ERSTE GOTT: Ganz unmöglich. Unser Freund hier – *er zeigt auf den dritten Gott, der ein blau geschlagenes Auge* hat* – hat erst gestern in einen Streit eingegriffen, du siehst die Folgen.

WANG: Aber der Vetter mußte schon wieder gerufen werden. Er ist ein ungemein geschickter Mensch, ich habe es am eigenen Leib erfahren, jedoch auch er konnte nichts ausrichten. Der Laden scheint schon verloren.

DER DRITTE GOTT: *beunruhigt:* Vielleicht sollten wir doch helfen?

DER ERSTE GOTT: Ich bin der Ansicht, daß sie sich selber helfen muß.

DER ZWEITE GOTT: *streng:* Je schlimmer seine Lage ist, als desto besser zeigt sich der gute Mensch. Leid läutert!

DER ERSTE GOTT: Wir setzen unsere ganze Hoffnung auf sie.

DER DRITTE GOTT: Es steht nicht zum besten mit unserer Suche. Wir finden hier und da gute Anläufe, erfreuliche Vorsätze, viele hohe Prinzipien, aber das alles macht ja kaum einen guten Menschen aus. Wenn wir halbwegs gute Menschen treffen, leben sie nicht menschenwürdig.* *Vertraulich:* Mit dem Nachtlager steht es besonders schlimm. Du kannst an den Strohhalmen, die an uns kleben, sehen, wo wir unsere Nächte zubringen.

WANG: Nur eines, könntet ihr dann nicht wenigstens . . .

DIE GÖTTER: Nichts. – Wir sind nur Betrachtende. – Wir glauben fest, daß unser guter Mensch sich zurechtfinden wird auf der dunklen Erde. – Seine Kraft wird wachsen mit der Bürde. – Warte nur ab, Wasserverkäufer, und du wirst erleben, alles nimmt ein gutes . . .
Die Gestalten der Götter sind immer blasser, ihre Stimmen immer leiser geworden. Nun entschwinden sie, und die Stimmen hören auf.

7

Hof hinter Shen Te's Tabakladen

Auf einem Wagen ein wenig Hausrat. Von der Wäscheleine nehmen Shen Te und die Shin Wäsche.

DIE SHIN: Ich verstehe nicht, warum Sie nicht mit Messern und Zähnen um Ihren Laden kämpfen.

SHEN TE: Wie? Ich habe ja nicht einmal die Miete. Denn die 200 Silberdollar der alten Leute muß ich heute zurückgeben, aber da ich sie jemand anderem gegeben habe, muß ich meinen Tabak an Frau Mi Tzü verkaufen.*

DIE SHIN: Also alles hin! Kein Mann, kein Tabak, keine Bleibe! So kommt es, wenn man etwas Besseres sein will als unsereins. Wovon wollen Sie jetzt leben?

SHEN TE: Ich weiß nicht. Vielleicht kann ich mit Tabaksortieren ein wenig verdienen.

DIE SHIN: Wie kommt Herrn Shui Ta's Hose hierher? Er muß nackicht von hier weggegangen sein.

SHEN TE: Er hat noch eine andere Hose.

DIE SHIN: Ich dachte, Sie sagten, er sei für immer weggereist? Warum läßt er da seine Hose zurück?

SHEN TE: Vielleicht braucht er sie nicht mehr.

DIE SHIN: So soll sie nicht eingepackt werden?

SHEN TE: Nein.
Herein stürzt Herr Shu Fu.

HERR SHU FU: Sagen Sie nichts. Ich weiß alles. Sie haben Ihr Liebesglück geopfert, damit zwei alte Leute, die auf Sie vertrauten, nicht ruiniert sind. Nicht umsonst gibt Ihnen dieses Viertel, dieses mißtrauische und böswillige, den Namen »Engel der Vorstädte«. Ihr Herr Verlobter konnte sich nicht zu Ihrer sittlichen Höhe emporarbeiten. Sie haben ihn verlassen. Und jetzt schließen Sie Ihren

Laden, diese kleine Insel der Zuflucht für so viele! Ich
kann es nicht mit ansehen. Von meiner Ladentür aus habe
ich Morgen für Morgen das Häuflein Elende vor Ihrem
Geschäft gesehen und Sie selbst, Reis austeilend. Soll das
für immer vorbei sein? Soll jetzt das Gute untergehen?
Ach, wenn Sie mir gestatten, Ihnen bei Ihrem guten Werk
behilflich zu sein! Nein, sagen Sie nichts! Ich will keine
Zusicherung. Keinerlei Versprechungen, daß Sie meine
Hilfe annehmen wollen! Aber hier – *er zieht ein
Scheckbuch heraus und zeichnet einen Scheck, den er
ihr auf den Wagen legt* – fertige ich Ihnen einen
Blankoscheck aus, den Sie nach Belieben in jeder Höhe
ausfüllen können, und dann gehe ich, still und bescheiden,
ohne Gegenforderung, auf den Fußzehen,* voll Verehrung, selbstlos. *Ab.*

DIE SHIN: *untersucht den Scheck:* Sie sind gerettet! Solche
wie Sie haben Glück, sie finden immer einen Dummen.
Jetzt aber zugegriffen! Schreiben Sie 1000 Silberdollar
hinein, und ich laufe damit zur Bank, bevor er wieder zur
Besinnung kommt.

SHEN TE: Stellen Sie den Wäschekorb auf den Wagen. Die
Wäscherechnung kann ich auch ohne den Scheck
bezahlen.

DIE SHIN: Was? Sie wollen den Scheck nicht annehmen? Das
ist ein Verbrechen! Ist es nur, weil Sie meinen, daß Sie ihn
dann heiraten müssen? Das wäre hellichter Wahnsinn. So
einer will doch an der Nase herumgeführt werden! Das
bereitet so einem geradezu Wollust. Wollen Sie etwa
immer noch an Ihrem Flieger festhalten, von dem die
ganze Gelbe Gasse und auch das Viertel hier herum
weiß, wie schlecht er gegen Sie gewesen ist?

SHEN TE: Es kommt alles von der Not.
Zum Publikum:
Ich habe ihn nachts die Backen aufblasen sehen
  im Schlaf: sie waren böse.

Und in der Frühe hielt ich seinen Rock gegen
    das Licht: da sah ich die Wand durch.
Wenn ich sein schlaues Lachen sah,
    bekam ich Furcht, aber
Wenn ich seine löchrigen Schuhe sah, liebte ich ihn sehr.

DIE SHIN: Sie verteidigen ihn also noch? So etwas Verrücktes
habe ich nie gesehen. *Zornig:* Ich werde aufatmen, wenn
wir Sie aus dem Viertel haben.

SHEN TE: *schwankt beim Abnehmen der Wäsche:* Mir
schwindelt ein wenig.*

DIE SHIN: *nimmt ihr die Wäsche ab:* Wird Ihnen öfter
schwindlig, wenn Sie sich strecken oder bücken? Wenn da
nur nicht was Kleines unterwegs ist! *Lacht:* Der hat Sie
schön hereingelegt!* Wenn das passiert sein sollte, ist es
mit dem großen Scheck Essig! Für solche Gelegenheit war
der nicht gedacht.* *Sie geht mit einem Korb nach hinten.*

*Shen Te schaut ihr bewegungslos nach. Dann betrachtet
sie ihren Leib, betastet ihn, und eine große Freude zeigt sich
auf ihrem Gesicht.*

SHEN TE: *leise:* O Freude! Ein kleiner Mensch entsteht in
meinem Leibe. Man sieht noch nichts. Er ist aber schon
da. Die Welt erwartet ihn im Geheimen. In den Städten
heißt es schon: Jetzt kommt einer, mit dem man rechnen
muß. *Sie stellt ihren kleinen Sohn dem Publikum vor:* Ein
Flieger!

Begrüßt einen neuen Eroberer
Der unbekannten Gebirge und unerreichbaren
    Gegenden! Einen
Der die Post von Mensch zu Mensch
Über die unwegsamen Wüsten bringt!

*Sie beginnt auf und ab zu gehen und ihren kleinen Sohn an
der Hand zu nehmen:* Komm, Sohn, betrachte dir die
Welt! Hier, das ist ein Baum. Verbeuge dich, begrüße
ihn. *Sie macht die Verbeugung vor.* So, jetzt kennt ihr

euch. Horch, dort kommt der Wasserverkäufer. Ein
Freund, gib ihm die Hand. Sei unbesorgt. »Bitte, ein
Glas frisches Wasser für meinen Sohn. Es ist warm.«
Sie gibt ihm das Glas. Ach, der Polizist! Da machen wir
einen Bogen. Vielleicht holen wir uns ein paar Kirschen
dort, im Garten des reichen Herrn Feh Pung. Da heißt
es, nicht gesehen werden. Komm, Vaterloser! Auch du
willst Kirschen! Sachte, sachte, Sohn!* *Sie gehen
vorsichtig, sich umblickend:* Nein, hier herum, da
verbirgt uns das Gesträuch. Nein, so grad los drauf zu,
das kannst du nicht machen,* in diesem Fall. *Er scheint
sie wegzuziehen, sie widerstrebt.* Wir müssen vernünftig sein. *Plötzlich gibt sie nach.* Schön, wenn du
nur gradezu drauf losgehen willst . . . *Sie hebt ihn
hoch.* Kannst du die Kirschen erreichen? Schieb in den
Mund, dort sind sie gut aufgehoben.* *Sie verspeist
selber eine, die er ihr in den Mund steckt.* Schmeckt
fein. Zum Teufel, der Polizist. Jetzt heißt es laufen. *Sie
fliehen.* Da ist die Straße. Ruhig jetzt, langsam
gegangen, damit wir nicht auffallen. Als ob nicht das
Geringste geschehen wäre . . . *Sie singt, mit dem Kind
spazierend:*

Eine Pflaume ohne Grund
Überfiel 'nen Vagabund.
Doch der Mann war äußerst quick
Biß die Pflaume ins Genick.

*Herangekommen ist Wang, der Wasserverkäufer, ein
Kind an der Hand führend. Er sieht Shen Te erstaunt zu.
Shen Te auf ein Husten Wangs:* Ach, Wang! Guten Tag.

WANG: Shen Te, ich habe gehört, daß es dir nicht gut geht, daß
du sogar deinen Laden verkaufen mußt, um Schulden zu
bezahlen. Aber da ist dieses Kind, das kein Obdach hat. Es
lief auf dem Schlachthof herum. Anscheinend gehört es
dem Schreiner Lin To,* der vor einigen Wochen seine
Werkstatt verloren hat und seitdem trinkt. Seine Kinder

treiben sich hungernd herum. Was soll man mit ihnen machen?

SHEN TE: *nimmt ihm das Kind ab:* Komm, kleiner Mann!
Zum Publikum:

He, ihr! Da bittet einer um Obdach.
Einer von morgen bittet euch um ein Heute!
Sein Freund, der Eroberer,* den ihr kennt
Ist der Fürsprecher.

Zu Wang: Er kann gut in den Baracken des Herrn Shu Fu wohnen, wohin vielleicht auch ich gehe. Ich soll selber ein Kind bekommen. Aber sag es nicht weiter, sonst erfährt es Yang Sun,* und er kann uns nicht brauchen. Such Herrn Lin To in der unteren Stadt und sag ihm, er soll hierherkommen.

WANG: Vielen Dank, Shen Te. Ich wußte, du wirst etwas finden. *Zum Kind:* Siehst du, ein guter Mensch weiß immer einen Ausweg. Schnell laufe ich und hole deinen Vater. *Er will gehen.*

SHEN TE: Oh, Wang, jetzt fällt mir wieder ein: was ist mit deiner Hand? Ich wollte doch den Eid für dich leisten, aber mein Vetter . . .

WANG: Kümmere dich nicht um die Hand. Schau, ich habe schon gelernt, ohne meine rechte Hand auszukommen. Ich brauche sie fast nicht mehr. *Er zeigt ihr, wie er auch ohne die rechte Hand sein Gerät handhaben kann.* Schau, wie ich es mache.

SHEN TE: Aber sie darf nicht steif werden! Nimm den Wagen da,* verkauf alles und geh mit dem Geld zum Arzt. Ich schäme mich, daß ich bei dir so versagt habe. Und was mußt du denken, daß ich vom Barbier die Baracken angenommen habe!

WANG: Dort können die Obdachlosen jetzt wohnen, du selber, das ist doch wichtiger als meine Hand. Ich gehe jetzt den Schreiner holen. *Ab.*

SHEN TE: *ruft ihm nach:* Versprich mir, daß du mit mir zum Arzt gehen wirst!
Die Shin ist zurückgekommen und hat ihr immerfort gewinkt.
Was ist es?

DIE SHIN: Sind Sie verrückt, auch noch den Wagen mit dem Letzten, was Sie haben, wegzuschenken? Was geht Sie seine Hand an? Wenn es der Barbier erfährt, jagt er Sie noch aus dem einzigen Obdach, das Sie kriegen können. Mir haben Sie die Wäsche noch nicht bezahlt!

SHEN TE: Warum sind Sie so böse?
Zum Publikum:

Den Mitmenschen zu treten*
Ist es nicht anstrengend? Die Stirnader
Schwillt ihnen an, vor Mühe, gierig zu sein.
Natürlich ausgestreckt
Gibt eine Hand und empfängt mit gleicher
    Leichtigkeit. Nur
Gierig zupackend muß sie sich anstrengen. Ach
Welche Verführung, zu schenken! Wie angenehm
Ist es doch, freundlich zu sein! Ein gutes Wort
Entschlüpft wie ein wohliger Seufzer.
Die Shin geht zornig weg.
Shen Te zum Kind: Setz dich hierher und wart, bis dein Vater kommt. *Das Kind setzt sich auf den Boden. Auf den Hof kommt das ältliche Paar,* das Shen Te am Tag der Eröffnung ihres Ladens besuchte. Mann und Frau schleppen große Ballen.

DIE FRAU: Bist du allein, Shen Te?
Da Shen Te nickt, ruft sie ihren Neffen herein, der ebenfalls einen Ballen trägt.
Wo ist dein Vetter?

SHEN TE: Er ist weggefahren.

DIE FRAU: Und kommt er wieder?

SHEN TE: Nein. Ich gebe den Laden auf.

DIE FRAU: Das wissen wir. Deshalb sind wir gekommen. Wir haben hier ein paar Ballen mit Rohtabak, den uns jemand geschuldet hat, und möchten dich bitten, sie mit deinen Habseligkeiten zusammen in dein neues Heim zu transportieren. Wir haben noch keinen Ort, wohin wir sie bringen könnten, und fallen auf der Straße zu sehr auf mit ihnen. Ich sehe nicht, wie du uns diese kleine Gefälligkeit abschlagen könntest, nachdem wir in deinem Laden so ins Unglück gebracht worden sind.

SHEN TE: Ich will euch die Gefälligkeit gern tun.

DER MANN: Und wenn du von irgend jemand gefragt werden solltest, wem die Ballen gehören,* dann kannst du sagen, sie gehörten dir.

SHEN TE: Wer sollte mich denn fragen?

DIE FRAU: *sie scharf anblickend:* Die Polizei zum Beispiel. Sie ist voreingenommen gegen uns und will uns ruinieren. Wohin sollen wir die Ballen stellen?

SHEN TE: Ich weiß nicht, gerade jetzt möchte ich nicht etwas tun, was mich ins Gefängnis bringen könnte.

DIE FRAU: Das sieht dir allerdings gleich.* Wir sollen auch noch die paar elenden Ballen mit Tabak verlieren, die alles sind, was wir von unserem Hab und Gut gerettet haben! *Shen Te schweigt störrisch.*

DER MANN: Bedenk, daß dieser Tabak für uns den Grundstock zu einer kleinen Fabrikation abgeben könnte. Da könnten wir hochkommen.

SHEN TE: Gut, ich will die Ballen für euch aufheben. Wir stellen sie vorläufig in das Gelaß.

Sie geht mit ihnen hinein. Das Kind hat ihr nachgesehen. Jetzt geht es, sich scheu umschauend, zum Mülleimer und fischt darin herum. Es fängt an, daraus zu essen. Shen Te und die drei kommen zurück.

DIE FRAU: Du verstehst wohl, daß wir uns vollständig auf dich verlassen.

SHEN TE: Ja. *Sie erblickt das Kind und erstarrt.*

DER MANN: Wir suchen dich übermorgen in den Häusern des Herrn Shu Fu auf.

SHEN TE: Geht jetzt schnell, mir ist nicht gut.

Sie schiebt sie weg. Die drei ab.

Es hat Hunger. Es fischt im Kehrichteimer.

Sie hebt das Kind auf, und in einer Rede drückt sie ihr Entsetzen aus über das Los armer Kinder, dem Publikum das graue Mäulchen* zeigend. Sie beteuert ihre Entschlossenheit, ihr eigenes Kind keinesfalls mit solcher Unbarmherzigkeit zu behandeln.

O Sohn, o Flieger! In welche Welt
Wirst du kommen? Im Abfalleimer
Wollen sie dich fischen lassen, auch dich? Seht doch
Dies graue Mäulchen! *Sie zeigt das Kind.* Wie
Behandelt ihr euresgleichen!* Habt ihr
Keine Barmherzigkeit mit der Frucht
Eures Leibes?* Kein Mitleid
Mit euch selber, ihr Unglücklichen! So werde ich
Wenigstens das meine verteidigen und müßte ich
Zum Tiger werden. Ja, von Stund an
Da ich das gesehen habe, will ich mich scheiden
Von allen und nicht ruhen
Bis ich meinen Sohn gerettet habe, wenigstens ihn!
Was ich gelernt in der Gosse, meiner Schule
Durch Faustschlag und Betrug, jetzt
Soll es dir dienen, Sohn, zu dir
Will ich gut sein und Tiger und wildes Tier
Zu allen andern, wenn's sein muß. Und
Es muß sein.

Sie geht ab, sich in den Vetter zu verwandeln.

Shen Te im Abgehen: Einmal ist es noch nötig, das letzte Mal, hoffe ich.

Sie hat die Hose des Shui Ta mitgenommen. Die zurückkehrende Shin sieht ihr neugierig nach. Herein die Schwägerin und der Großvater.

DIE SCHWÄGERIN: Der Laden geschlossen, der Hausrat im Hof! Das ist das Ende!

DIE SHIN: Die Folgen des Leichtsinns, der Sinnlichkeit und der Eigenliebe! Und wohin geht die Fahrt? Hinab! In die Baracken des Herrn Shu Fu, zu euch!

DIE SCHWÄGERIN: Da wird sie sich aber wundern! Wir sind gekommen, um uns zu beschweren! Feuchte Rattenlöcher mit verfaulten Böden! Der Barbier hat sie nur gegeben, weil ihm seine Seifenvorräte darin verschimmelt sind. »Ich habe ein Obdach für euch, was sagt ihr dazu?« Schande! sagen wir dazu.
Herein der Arbeitslose.

DER ARBEITSLOSE: Ist es wahr, daß Shen Te wegzieht?

DIE SCHWÄGERIN: Ja. Sie wollte sich wegschleichen, man sollte es nicht erfahren.

DIE SHIN: Sie schämt sich, da sie ruiniert ist.

DER ARBEITSLOSE: *aufgeregt:* Sie muß ihren Vetter rufen! Ratet ihr alle, daß sie den Vetter ruft! Er allein kann noch etwas machen.

DIE SCHWÄGERIN: Das ist wahr! Er ist geizig genug, aber jedenfalls rettet er ihr den Laden, und sie gibt ja dann.*

DER ARBEITSLOSE: Ich dachte nicht an uns, ich dachte an sie. Aber es is richtig, auch unseretwegen müßte man ihn rufen.
Herein Wang mit dem Schreiner. Er führt zwei Kinder an der Hand.

DER SCHREINER: Ich kann Ihnen wirklich nicht genug danken. *Zu den andern:* Wir sollen eine Wohnung kriegen.

DIE SHIN: Wo?

DER SCHREINER: In den Häusern des Herrn Shu Fu! Und der kleine Feng* war es, der die Wendung herbeigeführt hat. Hier bist du ja! »Da ist einer, der bittet um Obdach«, soll Fräulein Shen Te gesagt haben, und sogleich verschaffte sie uns die Wohnung. Bedankt euch bei eurem Bruder, ihr!

Der Schreiner und seine Kinder verbeugen sich lustig vor dem Kind.

Unsern Dank, Obdachbitter!

Herausgetreten ist Shui Ta.

SHUI TA: Darf ich fragen, was Sie alle hier wollen?

DER ARBEITSLOSE: Herr Shui Ta!

WANG: Guten Tag, Herr Shui Ta. Ich wußte nicht, daß Sie zurückgekehrt sind. Sie kennen den Schreiner Lin To. Fräulein Shen Te hat ihm einen Unterschlupf in den Häusern des Herrn Shu Fu zugesagt.

SHUI TA: Die Häuser des Herrn Shu Fu sind nicht frei.

DER SCHREINER: So können wir dort nicht wohnen?

SHUI TA: Nein. Diese Lokalitäten sind zu anderem bestimmt.

DIE SCHWÄGERIN: Soll das heißen, daß auch wir heraus müssen?

SHUI TA: Ich fürchte.

DIE SCHWÄGERIN: Aber wo sollen wir da alle hin?

SHUI TA: *die Achsel zuckend:* Wie ich Fräulein Shen Te, die verreist ist, verstehe, hat sie nicht die Absicht, die Hand* von Ihnen allen abzuziehen. Jedoch soll alles etwas vernünftiger geregelt werden in Zukunft. Die Speisungen ohne Gegendienst* werden aufhören. Statt dessen wird jedermann die Gelegenheit gegeben werden, sich auf ehrliche Weise wieder emporzuarbeiten. Fräulein Shen Te hat beschlossen, Ihnen allen Arbeit zu geben. Wer von Ihnen mir jetzt in die Häuser des Herrn Shu Fu folgen will, wird nicht ins Nichts geführt werden.

DIE SCHWÄGERIN: Soll das heißen, daß wir jetzt alle für Shen Te arbeiten sollen?

SHUI TA: Ja. Sie werden Tabak verarbeiten. Im Gelaß drinnen liegen drei Ballen mit Ware.* Holt sie!

DIE SCHWÄGERIN: Vergessen Sie nicht, daß wir selber

Ladenbesitzer waren. Wir ziehen vor, für uns selbst zu arbeiten. Wir haben unseren eigenen Tabak.

SHUI TA: *zum Arbeitslosen und zum Schreiner:* Vielleicht wollt ihr für Shen Te arbeiten, da ihr keinen eigenen Tabak habt?
Der Schreiner und der Arbeitslose gehen mißmutig hinein. Die Hausbesitzerin kommt.

DIE HAUSBESITZERIN: Nun, Herr Shui Ta, wie steht es mit dem Verkauf? Hier habe ich 300 Silberdollar.

SHUI TA: Frau Mi Tzü, ich habe mich entschlossen, nicht zu verkaufen, sondern den Mietskontrakt zu unterzeichnen.

DIE HAUSBESITZERIN: Was? Brauchen Sie plötzlich das Geld für den Flieger nicht mehr?

SHUI TA: Nein.

DIE HAUSBESITZERIN: Und haben Sie denn die Miete?

SHUI TA: *nimmt vom Wagen mit dem Hausrat den Scheck des Barbiers und füllt ihn aus:* Ich habe hier einen Scheck auf 10 000 Silberdollar, ausgestellt von Herrn Shu Fu, der sich für meine Kusine interessiert. Überzeugen Sie sich, Frau Mi Tzü! Ihre 200 Silberdollar für die Miete des nächsten Halbjahres werden Sie noch vor sechs Uhr abends in Händen haben. Und nun, Frau Mi Tzü, erlauben Sie mir, daß ich mit meiner Arbeit fortfahre. Ich bin heute sehr beschäftigt und muß um Entschuldigung bitten.

DIE HAUSBESITZERIN: Ach, Herr Shu Fu tritt in die Fußtapfen des Fliegers! 10 000 Silberdollar! Immerhin, ich bin erstaunt über die Wankelmütigkeit und Oberflächlichkeit der jungen Mädchen von heutzutage, Herr Shui Ta. *Ab. Der Schreiner und der Arbeitslose bringen die Ballen.*

DER SCHREINER: Ich weiß nicht, warum ich Ihnen Ihre Ballen schleppen muß.

SHUI TA: Es genügt, daß ich es weiß. Ihr Sohn hier zeigt einen gesunden Appetit. Er will essen, Herr Lin To.

DIE SCHWÄGERIN: *sieht die Ballen*: Ist mein Schwager hier gewesen?

DIE SHIN: Ja.

DIE SCHWÄGERIN: Eben. Ich kenne doch die Ballen. Das ist unser Tabak!*

SHUI TA: Besser, Sie sagen das nicht so laut. Das ist mein Tabak, was Sie daraus ersehen können,* daß er in meinem Gelaß stand. Wenn Sie einen Zweifel haben, können wir aber zur Polizei gehen und Ihren Zweifel beseitigen. Wollen Sie das?

DIE SCHWÄGERIN: *böse:* Nein.

SHUI TA: Es scheint, daß Sie doch keinen eigenen Tabak besitzen. Vielleicht ergreifen Sie unter diesen Umständen die rettende Hand, die Fräulein Shen Te Ihnen reicht? Haben Sie die Güte, mir jetzt den Weg zu den Häusern des Herrn Shu Fu zu zeigen.
Das jüngste Kind des Schreiners an die Hand nehmend, geht Shui Ta ab, gefolgt von dem Schreiner, seinen anderen Kindern, der Schwägerin, dem Großvater, dem Arbeitslosen. Schwägerin, Schreiner und Arbeitsloser schleppen die Ballen.

WANG: Er ist kein böser Mensch, aber Shen Te ist gut.

DIE SHIN: Ich weiß nicht. Von der Wäscheleine fehlt eine Hose, und der Vetter trägt sie. Das muß etwas bedeuten. Ich möchte wissen, was.
Herein die beiden Alten.

DIE ALTE: Ist Fräulein Shen Te nicht hier?

DIE SHIN: *abweisend:* Verreist.

DIE ALTE: Das ist merkwürdig. Sie wollte uns etwas bringen.

WANG: *schmerzlich seine Hand betrachtend:* Sie wollte auch mir helfen. Meine Hand wird steif. Sicher kommt sie bald zurück. Der Vetter ist ja immer nur ganz kurz da.

DIE SHIN: Ja, nicht wahr?

ZWISCHENSPIEL

Wangs Nachtlager

Musik. Im Traum teilt der Wasserverkäufer den Göttern seine Befürchtungen mit. Die Götter sind immer noch auf ihrer langen Wanderung begriffen. Sie scheinen müde. Für eine kleine Weile innehaltend, wenden sie die Köpfe über die Schultern nach dem Wasserverkäufer zurück.

WANG: Bevor mich euer Erscheinen erweckte, Erleuchtete, träumte ich und sah meine liebe Schwester Shen Te in großer Bedrängnis im Schilf des Flusses, an der Stelle, wo die Selbstmörder gefunden werden. Sie schwankte merkwürdig daher und hielt den Nacken gebeugt, als schleppe sie an etwas Weichem, aber Schwerem, das sie hinunterdrückte in den Schlamm. Auf meinen Anruf rief sie mir zu, sie müsse den Ballen der Vorschriften* ans andere Ufer bringen, ohne daß er naß würde, da sonst die Schriftzeichen verwischten. Ausdrücklich: ich sah nichts auf ihren Schultern. Aber ich erinnerte mich erschrocken, daß ihr Götter ihr über die großen Tugenden gesprochen habt, zum Dank dafür, daß sie euch bei sich aufnahm, als ihr um ein Nachtlager verlegen wart, o Schande! Ich bin sicher, ihr versteht meine Sorge um sie.

DER DRITTE GOTT: Was schlägst du vor?

WANG: Eine kleine Herabminderung der Vorschriften, Erleuchtete. Eine kleine Erleichterung des Ballens der Vorschriften, Gütige, in Anbetracht der schlechten Zeiten.

DER DRITTE GOTT: Als da wäre, Wang, als da wäre?

WANG: Als da zum Beispiel wäre, daß nur Wohlwollen verlangt würde anstatt Liebe* oder . . .

DER DRITTE GOTT: Aber das ist doch noch schwerer, du Unglücklicher!

WANG: Oder Billigkeit anstatt Gerechtigkeit.

DER DRITTE GOTT: Aber das bedeutet mehr Arbeit!

WANG: Dann bloße Schicklichkeit anstatt Ehre!

DER DRITTE GOTT: Aber das ist doch mehr, du Zweifelnder!
Sie wandern müde weiter.

8

Shui Ta's Tabakfabrik

In den Baracken des Herrn Shu Fu hat Shui Ta eine kleine Tabakfabrik eingerichtet. Hinter Gittern hocken, entsetzlich zusammengepfercht, einige Familien, besonders Frauen und Kinder, darunter die Schwägerin, der Großvater, der Schreiner und seine Kinder.
Davor tritt Frau Yang auf, gefolgt von ihrem Sohn Sun.

FRAU YANG: *zum Publikum:** Ich muß Ihnen berichten, wie mein Sohn Sun durch die Weisheit und Strenge des allgemein geachteten Herrn Shui Ta aus einem verkommenen Menschen in einen nützlichen verwandelt wurde. Wie das ganze Viertel erfuhr, eröffnete Herr Shui Ta in der Nähe des Viehhofs eine kleine, aber schnell aufblühende Tabakfabrik. Vor drei Monaten sah ich mich veranlaßt, ihn mit meinem Sohn dort aufzusuchen. Er empfing mich nach kurzer Wartezeit.
Aus der Fabrik tritt Shui Ta auf Frau Yang zu.

SHUI TA: Womit kann ich Ihnen dienen, Frau Yang?

FRAU YANG: Herr Shui Ta, ich möchte ein Wort für meinen Sohn bei Ihnen einlegen. Die Polizei war heute morgen bei uns, und man hat uns gesagt, daß Sie im Namen von Fräulein Shen Te Anklage wegen Bruch des Heiratsversprechens und Erschleichung von 200 Silberdollar erhoben haben.

SHUI TA: Ganz richtig, Frau Yang.

FRAU YANG: Herr Shui Ta, um der Götter willen, können Sie nicht noch einmal Gnade vor Recht ergehen lassen?* Das Geld ist weg. In zwei Tagen hat er es durchgebracht,* als der Plan mit der Fliegerstelle scheiterte. Ich weiß, er ist ein Lump. Er hat auch meine Möbel schon verkauft gehabt und wollte ohne seine alte Mama nach Peking. *Sie weint.* Fräulein Shen Te hielt einmal große Stücke auf ihn.*

SHUI TA: Was haben Sie mir zu sagen, Herr Yang Sun?

SUN: *finster:* Ich habe das Geld nicht mehr.

SHUI TA: Frau Yang, der Schwäche wegen, die meine Kusine aus irgendwelchen, mir unbegreiflichen Gründen für Ihren verkommenen Sohn hatte, bin ich bereit, es noch einmal mit ihm zu versuchen. Sie hat mir gesagt, daß sie sich von ehrlicher Arbeit eine Besserung erwartet. Er kann eine Stelle in meiner Fabrik haben. Nach und nach werden ihm die 200 Silberdollar vom Lohn abgezogen werden.

SUN: Also Kittchen oder Fabrik?

SHUI TA: Sie haben die Wahl.

SUN: Und mit Shen Te kann ich wohl nicht mehr sprechen?

SHUI TA: Nein.

SUN: Wo ist mein Arbeitsplatz?

FRAU YANG: Tausend Dank, Herr Shui Ta! Sie sind unendlich gütig, die Götter werden es Ihnen vergelten.
Zu Sun: Du bist vom rechten Wege abgewichen. Versuch nun, durch ehrliche Arbeit wieder so weit zu kommen, daß du deiner Mutter in die Augen schauen kannst.
Sun folgt Shui Ta in die Fabrik. Frau Yang kehrt an die Rampe zurück.
Frau Yang zum Publikum: Die ersten Wochen waren hart für Sun. Die Arbeit sagte ihm nicht zu. Er hatte wenig Gelegenheit, sich auszuzeichnen. Erst in der dritten Woche kam ihm ein kleiner Vorfall zu Hilfe. Er und der frühere Schreiner Lin To mußten Tabakballen schleppen.
Sun und der frühere Schreiner Lin To schleppen je zwei Tabakballen.

DER FRÜHERE SCHREINER: *hält ächzend inne und läßt sich auf einen Ballen nieder:* Ich kann kaum mehr. Ich bin nicht mehr jung genug für diese Arbeit.

SUN: *setzt sich ebenfalls:* Warum schmeißt du ihnen die Ballen nicht einfach hin?

DER FRÜHERE SCHREINER: Und wovon sollen wir leben? Ich

muß doch sogar, um das Notwendigste zu haben, die Kinder einspannen.* Wenn das Fräulein Shen Te sähe! Sie war gut.

SUN: Sie war nicht die Schlechteste. Wenn die Verhältnisse nicht so elend gewesen wären, hätten wir es ganz gut miteinander getroffen.* Ich möchte wissen, wo sie ist. Besser, wir machen weiter. Um diese Zeit pflegt er zu kommen. *Sie stehen auf.*
Sun sieht Shui Ta kommen: Gib den einen Ballen her, du Krüppel! *Sun nimmt auch noch den einen Ballen Lin To's auf.*

DER FRÜHERE SCHREINER: Vielen Dank! Ja, wenn sie da wäre, würdest du gleich einen Stein im Brett haben,* wenn sie sähe, daß du einem alten Mann so zur Hand gehst. Ach ja! *Herein Shui Ta.*

FRAU YANG: *zum Publikum:* Und mit einem Blick sieht natürlich Herr Shui Ta, was ein guter Arbeiter ist, der keine Arbeit scheut. Und er greift ein.

SHUI TA: Halt, ihr! Was ist da los? Warum trägst du nur einen einzigen Ballen?

DER FRÜHERE SCHREINER: Ich bin ein wenig müde heute, Herr Shui Ta, und Yang Sun war so freundlich . . .

SHUI TA: Du kehrst um und nimmst drei Ballen, Freund. Was Yang Sun kann, kannst du auch. Yang Sun hat guten Willen und du hast keinen.

FRAU YANG: *während der frühere Schreiner zwei weitere Ballen holt, zum Publikum:* Kein Wort natürlich zu Sun, aber Herr Shui Ta war im Bilde. Und am nächsten Samstag bei der Lohnauszahlung . . .
Ein Tisch wird aufgestellt, und Shui Ta kommt mit einem Säckchen Geld. Neben dem Aufseher – dem früheren Arbeitslosen – stehend, zahlt er den Lohn aus. Sun tritt vor den Tisch.

DER AUFSEHER: Yang Sun – 6 Silberdollar.

SUN: Entschuldigen Sie, es können nur 5 sein. Nur 5

Silberdollar. *Er nimmt die Liste, die der Aufseher hält.*
Sehen Sie bitte, hier stehen fälschlicherweise sechs
Arbeitstage, ich war aber einen Tag abwesend, eines
Gerichstermins wegen.* *Heuchlerisch:* Ich will nichts
bekommen, was ich nicht verdiene, und wenn der Lohn
noch so lumpig ist!

DER AUFSEHER: Also 5 Silberdollar! *Zu Shui Ta:* Ein seltener
Fall, Herr Shui Ta!

SHUI TA: Wie können hier sechs Tage stehen, wenn es nur
fünf waren?

DER AUFSEHER: Ich muß mich tatsächlich geirrt haben, Herr
Shui Ta. *Zu Sun, kalt:* Es wird nicht mehr vorkommen.

SHUI TA: *winkt Sun zur Seite:* Ich habe neulich beobachtet,
daß Sie ein kräftiger Mensch sind und Ihre Kraft auch der
Firma nicht vorenthalten. Heute sehe ich, daß Sie sogar ein
ehrlicher Mensch sind. Passiert das öfter, daß der Aufseher
sich zuungunsten der Firma irrt?

SUN: Er hat Bekannte unter den Arbeitern und wird als einer
der ihren angesehen.*

SHUI TA: Ich verstehe. Ein Dienst ist des andern wert.
Wollen Sie eine Gratifikation?

SUN: Nein. Aber vielleicht darf ich darauf hinweisen, daß ich
auch ein intelligenter Mensch bin. Ich habe eine gewisse
Bildung genossen, wissen Sie. Der Aufseher meint es sehr
gut mit der Belegschaft, aber er kann, ungebildet wie er
ist, nicht verstehen, was die Firma benötigt. Geben Sie mir
eine Probezeit von einer Woche, Herr Shui Ta, und ich
glaube, Ihnen beweisen zu können, daß meine Intelligenz
für die Firma mehr wert ist als meine pure Muskelkraft.

FRAU YANG: *zum Publikum:* Das waren kühne Worte, aber
an diesem Abend sagte ich zu meinem Sun: »Du bist ein
Flieger. Zeig, daß du auch, wo du jetzt bist, in die Höhe
kommen kannst! Flieg, mein Falke!«* Und tatsächlich,
was bringen doch Bildung und Intelligenz für große Dinge
hervor! Wie will einer ohne sie zu den besseren Leuten

gehören?* Wahre Wunderwerke verrichtete mein Sohn in der Fabrik des Herrn Shui Ta!
Sun steht breitbeinig hinter den Arbeitenden. Sie reichen sich über die Köpfe einen Korb Rohtabak zu.

SUN: Das ist keine ehrliche Arbeit, ihr! Dieser Korb muß fixer wandern! *Zu einem Kind:* Du kannst dich doch auf den Boden setzen, da nimmst du keinen Platz weg! Und du kannst noch ganz gut auch das Pressen* übernehmen, ja, du dort! Ihr faulen Hunde, wofür bezahlen wir euch Lohn? Fixer mit dem Korb! Zum Teufel! Setzt den Großpapa auf die Seite und laßt ihn mit den Kindern nur zupfen!* Jetzt hat es sich ausgefaulenzt hier!* Im Takt das Ganze! *Er klatscht mit den Händen den Takt, und der Korb wandert schneller.*

FRAU YANG: *zum Publikum:* Und keine Anfeindung, keine Schmähung von seiten ungebildeter Menschen, denn das blieb nicht aus,* hielten meinen Sohn von der Erfüllung seiner Pflicht zurück.
Einer der Arbeiter stimmt das Lied vom achten Elefanten an. Die andern fallen in den Refrain ein.

»LIED VOM ACHTEN ELEFANTEN«*

I

Sieben Elefanten hatte Herr Dschin
Und da war dann noch der achte.
Sieben waren wild und der achte war zahm
Und der achte war's, der sie bewachte.
Trabt schneller!
Herr Dschin hat einen Wald
Der muß vor Nacht gerodet sein
Und Nacht ist jetzt schon bald!

2

Sieben Elefanten roden den Wald
Und Herr Dschin ritt hoch auf dem achten.
All den Tag Nummer acht stand faul auf der Wacht

Und sah zu, was sie hinter sich brachten.
Grabt schneller!
Herr Dschin hat einen Wald
Der muß vor Nacht gerodet sein
Und Nacht ist jetzt schon bald!

3

Sieben Elefanten wollten nicht mehr
Hatten satt das Bäumeabschlachten.*
Herr Dschin war nervös, auf die sieben war er bös
Und gab ein Schaff Reis dem achten.
Was soll das?
Herr Dschin hat einen Wald
Der muß vor Nacht gerodet sein
Und Nacht ist jetzt schon bald!

4

Sieben Elefanten hatten keinen Zahn*
Seinen Zahn hatte nur noch der achte.
Und Nummer acht war vorhanden, schlug die
    sieben zuschanden
Und Herr Dschin stand dahinten und lachte.
Grabt weiter!
Herr Dschin hat einen Wald
Der muß vor Nacht gerodet sein
Und Nacht ist jetzt schon bald!

Shui Ta ist gemächlich schlendernd und eine Zigarre rauchend nach vorn gekommen. Yang Sun hat den Refrain der dritten Strophe lachend mitgesungen und in der letzten Strophe durch Händeklatschen das Tempo beschleunigt.

FRAU YANG: *zum Publikum:* Wir können Herrn Shui Ta wirklich nicht genug danken. Beinahe ohne jedes Zutun, aber mit Strenge und Weisheit hat er alles Gute* herausgeholt, was in Sun steckte. Er hat ihm nicht allerhand phantastische Versprechungen gemacht wie seine so sehr gepriesene Kusine, sondern ihn zu ehrlicher Arbeit gezwungen. Heute ist Sun ein ganz anderer Mensch als vor drei Monaten. Das werden Sie wohl zugeben! »Das Edle ist wie eine Glocke, schlägt man sie, so tönt sie, schlägt man sie nicht, so tönt sie nicht«,* wie die Alten sagten.

9

Shen Te's Tabakladen

Der Laden ist zu einem Kontor mit Klubsesseln und schönen Teppichen geworden. Es regnet. Shui Ta, nunmehr dick, verabschiedet das Teppichhändlerpaar.* Die Shin schaut amüsiert zu. Sie ist auffallend neu gekleidet.

SHUI TA: Es tut mir leid, daß ich nicht sagen kann, wann sie zurückkehrt.

DIE ALTE: Wir haben heute einen Brief mit den 200 Silberdollar bekommen, die wir ihr einmal geliehen haben. Es war kein Absender genannt. Aber der Brief muß doch wohl von Shen Te kommen. Wir möchten ihr gern schreiben, wie ist ihre Adresse?

SHUI TA: Auch das weiß ich leider nicht.

DER ALTE: Gehen wir.

DIE ALTE: Irgendwann muß sie ja wohl zurückkehren.
Shui Ta verbeugt sich. Die beiden Alten gehen unsicher und unruhig ab.

DIE SHIN: Sie haben ihr Geld zu spät zurückgekriegt. Jetzt haben sie ihren Laden verloren, weil sie ihre Steuern nicht bezahlen konnten.

SHUI TA: Warum sind sie nicht zu mir gekommen?

DIE SHIN: Zu Ihnen kommt man nicht gern. Zuerst warteten sie wohl, daß Shen Te zurückkäme, da sie nichts Schriftliches hatten. In den kritischen Tagen fiel der Alte in ein Fieber, und die Frau saß Tag und Nacht bei ihm.

SHUI TA: *muß sich setzen, da es ihm schlecht wird:* Mir schwindelt wieder!

DIE SHIN: *bemüht sich um ihn:* Sie sind im siebenten Monat!* Die Aufregungen sind nichts für Sie. Seien Sie froh, daß Sie mich haben. Ohne jede menschliche Hilfe kann niemand auskommen. Nun, ich werde in Ihrer schweren Stunde an Ihrer Seite stehen. *Sie lacht.*

SHUI TA: *schwach:* Kann ich darauf zählen, Frau Shin?

DIE SHIN: Und ob!* Es kostet freilich eine Kleinigkeit. Machen Sie den Kragen auf, da wird Ihnen leichter.

SHUI TA: *jämmerlich*: Es ist alles nur für das Kind, Frau Shin.

DIE SHIN: Alles für das Kind.

SHUI TA: Ich werde nur zu schnell dick. Das muß auffallen.

DIE SHIN: Man schiebt es auf den Wohlstand.

SHUI TA: Und was soll mit dem Kleinen werden?

DIE SHIN: Das fragen Sie jeden Tag dreimal. Es wird in Pflege kommen.* In die beste, die für Geld zu haben ist.

SHUI TA: Ja. *Angstvoll:* Und es darf niemals Shui Ta sehen.

DIE SHIN: Niemals. Immer nur Shen Te.

SHUI TA: Aber die Gerüchte im Viertel! Der Wasserverkäufer mit seinen Redereien! Man belauert den Laden!

DIE SHIN: Solange der Barbier nichts weiß, ist nichts verloren. Trinken Sie einen Schluck Wasser.
Herein Sun in dem flotten Anzug und mit der Mappe eines Geschäftsmannes. Er sieht erstaunt Shui Ta in den Armen der Shin.

SUN: Ich störe wohl?

SHUI TA: *steht mühsam auf und geht schwankend zur Tür:* Auf morgen, Frau Shin!
Die Shin, ihre Handschuhe anziehend, lächelnd ab.

SUN: Handschuhe! Woher, wieso, wofür? Schröpft die Sie etwa? *Da Shui Ta nicht antwortet:* Sollten auch Sie zarteren Gefühlen zugänglich sein?* Komisch. *Er nimmt ein Blatt aus seiner Mappe.* Jedenfalls sind Sie nicht auf der Höhe in der letzten Zeit,* nicht auf Ihrer alten Höhe. Launen, Unentschlossenheit. Sind Sie krank? Das

Geschäft leidet darunter. Da ist wieder ein Schrieb von der Polizei. Sie wollen die Fabrik schließen. Sie sagen, sie können allerhöchstens doppelt so viele Menschen pro Raum zulassen, als gesetzlich erlaubt ist.* Sie müssen da endlich etwas tun, Herr Shui Ta!

Shui Ta sieht ihn einen Augenblick geistesabwesend an. Dann geht er ins Gelaß und kehrt mit einer Tüte zurück. Aus ihr zieht er einen neuen Melonenhut und wirft ihn auf den Schreibtisch.

SHUI TA: Die Firma wünscht ihre Vertreter anständig gekleidet.

SUN: Haben Sie den etwa für mich gekauft?

SHUI TA: *gleichgültig:* Probieren Sie ihn, ob er Ihnen paßt.

Sun blickt erstaunt und setzt ihn auf. Shui Ta rückt die Melone prüfend zurecht.

SUN: Ihr Diener, aber weichen Sie mir nicht wieder aus.* Sie müssen heute mit dem Barbier das neue Projekt besprechen.*

SHUI TA: Der Barbier stellt unerfüllbare Bedingungen.*

SUN: Wenn Sie mir nur endlich sagen wollten, was für Bedingungen.

SHUI TA: *ausweichend:* Die Baracken sind gut genug.

SUN: Ja, gut genug für das Gesindel, das darin arbeitet, aber nicht gut genug für den Tabak. Er wird feucht. Ich werde noch vor der Sitzung mit der Mi Tzü über ihre Lokalitäten reden. Wenn wir die haben, können wir unsere Bittfürmichs, Wracks und Stümpfe an die Luft setzen.* Sie sind nicht gut genug. Ich tätschele der Mi Tzü bei einer Tasse Tee die dicken Knie, und die Lokalitäten kosten uns die Hälfte.

SHUI TA: *scharf:* Das wird nicht geschehen.* Ich wünsche, daß Sie sich im Interesse des Ansehens der Firma stets persönlich zurückhaltend und kühl geschäftsmäßig benehmen.

SUN: Warum sind Sie so gereizt? Sind es die unangenehmen Gerüchte im Viertel?

SHUI TA: Ich kümmere mich nicht um Gerüchte.

SUN: Dann muß es wieder der Regen sein. Regen macht Sie immer so reizbar und melancholisch.* Ich möchte wissen, warum.

WANGS STIMME: *von draußen:*

> Ich hab Wasser zu verkaufen
> Und nun steh ich hier im Regen
> Und ich bin weither gelaufen
> Meines bißchen Wassers wegen.
> Und jetzt schrei ich mein: Kauft Wasser!
> Und niemand kauft es
> Verschmachtend und gierig
> Und zahlt es und sauft es.

SUN: Da ist dieser verdammte Wasserverkäufer. Gleich wird er wieder mit seinem Gehetze anfangen.

WANGS STIMME: *von draußen:* Gibt es denn keinen guten Menschen mehr in dieser Stadt? Nicht einmal hier am Platz, wo die gute Shen Te lebte? Wo ist sie, die mir auch bei Regen ein Becherchen abkaufte, vor vielen Monaten, in der Freude ihres Herzens? Wo ist sie jetzt? Hat sie keiner gesehen? Hat keiner von ihr gehört? In dieses Haus ist sie eines Abends gegangen und kam nie mehr heraus!

SUN: Soll ich ihm nicht endlich das Maul stopfen? Was geht es ihn an, wo sie ist! Ich glaube übrigens, Sie sagen es nur deshalb nicht, damit ich es nicht erfahre.

WANG: *herein:* Herr Shui Ta, ich frage Sie wieder, wann Shen Te zurückkehren wird. Sechs Monate sind jetzt vergangen, seit sie sich auf Reisen begeben hat. *Da Shui Ta schweigt:* Vieles ist inzwischen hier geschehen, was in ihrer Anwesenheit nie geschehen wäre. *Da Shui Ta immer noch schweigt:* Herr Shui Ta, im Viertel sind Gerüchte verbreitet, daß Shen Te etwas zugestoßen sein muß. Wir, ihre Freunde, sind sehr beunruhigt. Haben Sie doch die Freundlichkeit, uns jetzt Bescheid über ihre Adresse zu geben.

SHUI TA: Leider habe ich im Augenblick keine Zeit, Herr Wang. Kommen Sie in der nächsten Woche wieder.

WANG: *aufgeregt:* Es ist auch aufgefallen, daß der Reis, den die Bedürftigen hier immer erhielten, seit einiger Zeit morgens wieder vor der Tür steht.

SHUI TA: Was schließt man daraus?

WANG: Daß Shen Te überhaupt nicht verreist ist.

SHUI TA: Sondern? *Da Wang schweigt:* Dann werde ich Ihnen meine Antwort erteilen. Sie ist endgültig. Wenn Sie Shen Te's Freund sind, Herr Wang, dann fragen Sie möglichst wenig nach ihrem Verbleiben. Das ist mein Rat.

WANG: Ein schöner Rat! Herr Shui Ta, Shen Te teilte mir vor ihrem Verschwinden mit, daß sie schwanger sei!*

SUN: Was?

SHUI TA: *schnell:* Lüge!

WANG: *mit großem Ernst zu Shui Ta:* Herr Shui Ta, Sie müssen nicht glauben, daß Shen Te's Freunde je aufhören werden, nach ihr zu fragen. Ein guter Mensch wird nicht leicht vergessen. Es gibt nicht viele. *Ab.*
Shui Ta sieht ihm erstarrt nach. Dann geht er schnell in das Gelaß.

SUN: *zum Publikum, wie verwandelt:* Shen Te schwanger! Ich bin außer mir! Ich bin hereingelegt worden!* Sie muß es sofort ihrem Vetter gesagt haben, und dieser Schuft hat sie selbstverständlich gleich weggeschafft. »Pack deinen Koffer und verschwind, bevor der Vater des Kindes davon Wind bekommt!« Es ist ganz und gar unnatürlich. Unmenschlich ist es. Ich habe einen Sohn. Ein Yang erscheint auf der Bildfläche! Und was geschieht? Das Mädchen verschwindet, und mich läßt man hier schuften! *Er gerät in Wut.* Mit einem Hut speist man mich ab!* *Er zertrampelt ihn mit den Füßen.* Verbrecher! Räuber! Kindesentführer! Und das Mädchen ist praktisch ohne Beschützer! *Man hört aus dem Gelaß ein Schluchzen. Er* *steht still.* War das nicht ein Schluchzen? Wer ist das? Es hat aufgehört. Was ist das für ein Schluchzen im Gelaß? Dieser ausgekochte Hund Shui Ta schluchzt doch nicht! Wer schluchzt also? Und was bedeutet es, daß der Reis immer noch morgens vor der Tür stehen soll? Ist das Mädchen doch da? Versteckt er sie nur? Wer sonst soll da drin schluchzen? Das wäre ja ein gefundenes Fressen!* Ich muß sie unbedingt auftreiben, wenn sie schwanger ist!

Shui Ta kehrt aus dem Gelaß zurück. Er geht an die Tür und blickt hinaus in den Regen.

Also wo ist sie?

SHUI TA: *hebt die Hand und lauscht:* Einen Augenblick! Es ist neun Uhr. Aber man hört nichts heute. Der Regen ist zu stark.*

SUN: *ironisch:* Was wollen Sie denn hören?

SHUI TA: Das Postflugzeug.*

SUN: Machen sie keine Witze.

SHUI TA: Ich habe mir einmal sagen lassen, Sie wollten fliegen? Haben Sie dieses Interesse verloren?

SUN: Ich beklage mich nicht über meine jetzige Stellung, wenn Sie das meinen. Ich habe keine Vorliebe für Nachtdienst, wissen Sie. Postfliegen ist Nachtdienst. Die Firma ist mir sozusagen ans Herz gewachsen.* Es ist immerhin die Firma meiner einstigen Zukünftigen, wenn sie auch verreist ist. Sie ist doch verreist?

SHUI TA: Warum fragen Sie das?

SUN: Vielleicht, weil mich ihre Angelegenheiten immer noch nicht ganz kalt lassen.

SHUI TA: Das könnte meine Kusine interessieren.*

SUN: Ihre Angelegenheiten beschäftigen mich jedenfalls genug, daß ich nicht meine Augen zudrückte, wenn sie zum Beispiel ihrer Bewegungsfreiheit beraubt würde.

SHUI TA: Durch wen?

SUN: Durch Sie!

Pause.

SHUI TA: Was würden Sie in einem solchen Falle tun?

SUN: Ich würde vielleicht zunächst meine Stellung in der Firma neu diskutieren.

SHUI TA: Ach so. Und wenn die Firma, das heißt ich Ihnen eine entsprechende Stellung einräumte, könnte sie damit rechnen, daß Sie jede weitere Nachforschung nach Ihrer früheren Zukünftigen aufgäben?

SUN: Vielleicht.

SHUI TA: Und wie denken Sie sich Ihre neue Stellung in der Firma?

SUN: Dominierend. Ich denke zum Beispiel an Ihren Hinauswurf.*

SHUI TA: Und wenn die Firma statt mich Sie hinauswürfe?

SUN: Dann würde ich wahrscheinlich zurückkehren, aber nicht allein.

SHUI TA: Sondern?

SUN: Mit der Polizei.

SHUI TA: Mit der Polizei. Angenommen, die Polizei fände niemand hier?

SUN: So würde sie vermutlich in diesem Gelaß nachschauen! Herr Shui Ta, meine Sehnsucht nach der Dame meines Herzens wird unstillbar. Ich fühle, daß ich etwas tun muß, sie wieder in meine Arme schließen zu können. *Ruhig:* Sie ist schwanger und braucht einen Menschen um sich. Ich muß mich mit dem Wasserverkäufer darüber besprechen. *Er geht.*

Shui Ta sieht ihm unbeweglich nach. Dann geht er schnell in das Gelaß zurück. Er bringt allerlei Gebrauchsgegenstände Shen Te's, Wäsche, Kleider, Toiletteartikel. Lange betrachtet er den Shawl, den Shen Te von dem Teppichhändlerpaar kaufte. Dann packt er alles zu einem Bündel zusammen und versteckt es unter dem Tisch, da er Geräusche hört. Herein die Hausbesitzerin und Herr

Shu Fu. * *Sie begrüßen Shui Ta und entledigen sich ihrer Schirme und Galoschen.*

DIE HAUSBESITZERIN: Es wird Herbst, Herr Shui Ta.

HERR SHU FU: Eine melancholische Jahreszeit!

DIE HAUSBESITZERIN: Und wo ist Ihr charmanter Prokurist?* Ein schrecklicher Damenkiller! Aber Sie kennen ihn wohl nicht von dieser Seite. Immerhin, er versteht es, diesen seinen Charme auch mit seinen geschäftlichen Pflichten zu vereinen, so daß Sie nur den Vorteil davon haben dürften.

SHUI TA: *verbeugt sich:* Nehmen Sie bitte Platz!
Man setzt sich und beginnt zu rauchen.
Meine Freunde, ein unvorhergesehener Vorfall, der gewisse Folgen haben kann, zwingt mich, die Verhandlungen, die ich letzthin über die Zukunft meines Unternehmens führte, sehr zu beschleunigen. Herr Shu Fu, meine Fabrik ist in Schwierigkeiten.

HERR SHU FU: Das ist sie immer.

SHUI TA: Aber nun droht die Polizei offen, sie zu schließen, wenn ich nicht auf Verhandlungen über ein neues Objekt* hinweisen kann. Herr Shu Fu, es handelt sich um den einzigen Besitz meiner Kusine, für die Sie immer ein so großes Interesse gezeigt haben.

HERR SHU FU: Herr Shui Ta, ich fühle eine tiefe Unlust, Ihre sich ständig vergrößernden Projekte zu besprechen. Ich rede von einem kleinen Abendessen mit Ihrer Kusine, Sie deuten finanzielle Schwierigkeiten an. Ich stelle Ihrer Kusine Häuser für Obdachlose zur Verfügung, Sie etablieren darin eine Fabrik. Ich überreiche ihr einen Scheck, Sie präsentieren ihn. Ihre Kusine verschwindet. Sie wünschen 100 000 Silberdollar* mit der Bemerkung, meine Häuser seien zu klein. Herr, wo ist Ihre Kusine?

SHUI TA: Herr Shu Fu, beruhigen Sie sich. Ich kann Ihnen heute die Mitteilung machen, daß sie sehr bald zurückkehren wird.

HERR SHU FU: Bald? Wann? »Bald« höre ich von Ihnen seit Wochen.

SHUI TA: Ich habe von Ihnen nicht neue Unterschriften verlangt. Ich habe Sie lediglich gefragt, ob Sie meinem Projekt nähertreten würden, wenn meine Kusine zurückkäme.

HERR SHU FU: Ich habe Ihnen tausendmal gesagt, daß ich mit Ihnen nichts mehr, mit Ihrer Kusine dagegen alles zu besprechen bereit bin. Sie scheinen aber einer solchen Besprechung Hindernisse in den Weg legen zu wollen.

SHUI TA: Nicht mehr.

HERR SHU FU: Wann also wird sie stattfinden?

SHUI TA: *unsicher:* In drei Monaten.

HERR SHU FU: *ärgerlich:* Dann werde ich in drei Monaten meine Unterschrift geben.

SHUI TA: Aber es muß alles vorbereitet werden.

HERR SHU FU: Sie können alles vorbereiten, Shui Ta, wenn Sie überzeugt sind, daß Ihre Kusine dieses Mal tatsächlich kommt.

SHUI TA: Frau Mi Tzü, sind Sie Ihrerseits bereit, der Polizei zu bestätigen, daß ich Ihre Fabrikräume haben kann?

DIE HAUSBESITZERIN: Gewiß, wenn Sie mir Ihren Prokuristen überlassen. Sie wissen seit Wochen, daß das meine Bedingung ist.* *Zu Herrn Shu Fu:* Der junge Mann ist geschäftlich so tüchtig, und ich brauche einen Verwalter.

SHUI TA: Sie müssen doch verstehen, daß ich gerade jetzt Herrn Yang Sun nicht entbehren kann, bei all den Schwierigkeiten und bei meiner in letzter Zeit so schwankenden Gesundheit! Ich war ja von Anfang an bereit, ihn Ihnen abzutreten, aber . . .

DIE HAUSBESITZERIN: Ja, aber!
Pause.

SHUI TA: Schön, er wird morgen in Ihrem Kontor vorsprechen.*

HERR SHU FU: Ich begrüße es, daß Sie sich diesen Entschluß abringen konnten, Shui Ta. Sollte Fräulein Shen Te wirklich zurückkehren, wäre die Anwesenheit des jungen Mannes hier höchst ungeziemend. Er hat, wie wir wissen, seinerzeit einen ganz unheilvollen Einfluß auf sie ausgeübt.*

SHUI TA: *sich verbeugend:* Zweifellos. Entschuldigen Sie in den beiden Fragen, meine Kusine Shen Te und Herrn Yang Sun betreffend, mein langes Zögern, so unwürdig eines Geschäftsmannes. Diese Menschen standen einander einmal nahe.

DIE HAUSBESITZERIN: Sie sind entschuldigt.

SHUI TA: *nach der Tür schauend:* Meine Freunde, lassen Sie uns nunmehr zu einem Abschluß kommen. In diesem einstmals kleinen und schäbigen Laden, wo die armen Leute des Viertels den Tabak der guten Shen Te kauften, beschließen wir, ihre Freunde, nun die Etablierung von zwölf schönen Läden,* in denen in Zukunft der gute Tabak der Shen Te verkauft werden soll. Wie man mir sagt, nennt das Volk mich heute den Tabakkönig von Sezuan. In Wirklichkeit habe ich dieses Unternehmen aber einzig und allein im Interesse meiner Kusine geführt. Ihr und ihren Kindern und Kindeskindern wird es gehören.

Von draußen kommen die Geräusche einer Volksmenge. Herein Sun, Wang und der Polizist.

DER POLIZIST: Herr Shui Ta, zu meinem Bedauern zwingt mich die aufgeregte Stimmung des Viertels, einer Anzeige aus Ihrer eigenen Firma nachzugehen, nach der Sie Ihre Kusine, Fräulein Shen Te, ihrer Freiheit berauben sollen.

SHUI TA: Das ist nicht wahr.

DER POLIZIST: Herr Yang Sun hier bezeugt, daß er aus dem Gelaß hinter Ihrem Kontor ein Schluchzen gehört hat, das nur von einer Frauensperson herstammen konnte.

DIE HAUSBESITZERIN: Das ist lächerlich. Ich und Herr Shu

Fu, zwei angesehene Bürger dieser Stadt, deren Aussagen die Polizei kaum in Zweifel ziehen kann, bezeugen, daß hier nicht geschluchzt wurde. Wir rauchen in Ruhe unsere Zigarren.

DER POLIZIST: Ich habe leider den Auftrag, das fragliche Gelaß zu inspizieren.
Shui Ta öffnet die Tür. Der Polizist tritt mit einer Verbeugung auf die Schwelle. Er schaut hinein, dann wendet er sich um und lächelt.
Hier ist tatsächlich kein Mensch.

SUN: *der neben ihn getreten war:* Aber es war ein Schluchzen! *Sein Blick fällt auf den Tisch, unter den Shui Ta das Bündel gestopft hat. Er läuft darauf zu.* Das war vorhin noch nicht da. *Es öffnend, zeigt er Shen Te's Kleider usw.*

WANG: Das sind Shen Te's Sachen! *Er läuft zur Tür und ruft hinaus:* Man hat ihre Kleider hier entdeckt!

DER POLIZIST: *die Sachen an sich nehmend:* Sie erklären, daß Ihre Kusine verreist ist. Ein Bündel mit ihr gehörenden Sachen wird unter Ihrem Tisch versteckt gefunden. Wo ist das Mädchen erreichbar, Herr Shui Ta?

SHUI TA: Ich kenne ihre Adresse nicht.

DER POLIZIST: Das ist sehr bedauerlich.

RUFE AUS DER VOLKSMENGE: Shen Te's Sachen sind gefunden worden! – Der Tabakkönig hat das Mädchen ermordet und verschwinden lassen!

DER POLIZIST: Herr Shui Ta, ich muß Sie bitten, mir auf die Wache zu folgen.

SHUI TA: *sich vor der Hausbesitzerin und Herrn Shu Fu verbeugend:* Ich bitte Sie um Entschuldigung für den Skandal, meine Herrschaften. Aber es gibt noch Richter in Sezuan. Ich bin überzeugt, daß sich alles in Kürze aufklären wird. *Er geht vor dem Polizisten hinaus.*

WANG: Ein furchtbares Verbrechen ist geschehen!

SUN: *bestürzt:* Aber dort war ein Schluchzen!

ZWISCHENSPIEL

Wangs Nachtlager

Musik. Zum letztenmal erscheinen dem Wasserverkäufer im Traum die Götter. Sie haben sich sehr verändert. Unverkennbar sind die Anzeichen langer Wanderung, tiefer Erschöpfung und mannigfaltiger böser Erlebnisse. Einem ist der Hut vom Kopf geschlagen, einer hat ein Bein in einer Fuchsfalle gelassen, und alle drei gehen barfuß.

WANG: Endlich erscheint ihr! Furchtbare Dinge gehen vor in Shen Te's Tabakladen, Erleuchtete! Shen Te ist wieder verreist, schon seit Monaten! Der Vetter hat alles an sich gerissen! Er ist heute verhaftet worden. Er soll sie ermordet haben, heißt es, um sich ihren Laden anzueignen. Aber das glaube ich nicht, denn ich habe einen Traum gehabt, in dem sie mir erschien und erzählte, daß ihr Vetter sie gefangen hält. Oh, Erleuchtete, ihr müßt sogleich zurückkommen und sie finden.

DER ERSTE GOTT: Das ist entsetzlich. Unsere ganze Suche ist gescheitert. Wenig Gute fanden wir, und wenn wir welche fanden, lebten sie nicht menschenwürdig.* Wir hatten schon beschlossen, uns an Shen Te zu halten.

DER ZWEITE GOTT: Wenn sie immer noch gut sein sollte!

WANG: Das ist sie sicherlich, aber sie ist verschwunden!

DER ERSTE GOTT: Dann ist alles verloren.

DER ZWEITE GOTT: Haltung.

DER ERSTE GOTT: Wozu da noch Haltung? Wir müssen abdanken, wenn sie nicht gefunden wird! Was für eine Welt haben wir vorgefunden? Elend, Niedrigkeit und Abfall überall! Selbst die Landschaft ist von uns abgefallen. Die schönen Bäume sind enthauptet von Drähten, und jenseits der Gebirge sehen wir dicke Rauchwolken und hören einen Donner von Kanonen,* und nirgends ein guter Mensch, der durchkommt!

DER DRITTE GOTT: Ach, Wasserverkäufer, unsere Gebote scheinen tödlich zu sein! Ich fürchte, es muß alles gestrichen werden, was wir an sittlichen Vorschriften aufgestellt haben. Die Leute haben genug zu tun, nur das nackte Leben zu retten. Gute Vorsätze bringen sie an den Rand des Abgrunds, gute Taten stürzen sie hinab. *Zu den beiden andern Göttern:* Die Welt ist unbewohnbar, ihr müßt es einsehen!

DER ERSTE GOTT: *heftig:* Nein, die Menschen sind nichts wert!

DER DRITTE GOTT: Weil die Welt zu kalt ist!

DER ZWEITE GOTT: Weil die Menschen zu schwach sind!

DER ERSTE GOTT: Würde, ihr Lieben, Würde! Brüder, wir dürfen nicht verzweifeln. Einen haben wir doch gefunden, der gut war und nicht schlecht geworden ist, und er ist nur verschwunden. Eilen wir, ihn zu finden. Einer genügt. Haben wir nicht gesagt, daß alles noch gut werden kann, wenn nur einer sich findet, der diese Welt aushält, nur einer?!

Sie entschwinden schnell.

10

Gerichtslokal

In Gruppen: Herr Shu Fu und die Hausbesitzerin. Sun und seine Mutter. Wang, der Schreiner, der Großvater, die junge Prostituierte, die beiden Alten. Die Shin. Der Polizist. Die Schwägerin.

DER ALTE: Er ist zu mächtig.

WANG: Er will zwölf neue Läden aufmachen.

DER SCHREINER: Wie soll der Richter ein gerechtes Urteil sprechen, wenn die Freunde des Angeklagten, der Barbier Shu Fu und die Hausbesitzerin Mi Tzü, seine Freunde sind?

DIE SCHWÄGERIN: Man hat gesehen, wie gestern abend die Shin im Auftrag des Herrn Shui Ta eine fette Gans in die Küche des Richters brachte. Das Fett troff durch den Korb.

DIE ALTE: *zu Wang:* Unsere arme Shen Te wird nie wieder entdeckt werden.

WANG: Ja, nur die Götter könnten die Wahrheit ausfindig machen.

DER POLIZIST: Ruhe! Der Gerichtshof erscheint.
Eintreten in Gerichtsroben die drei Götter.* Während sie an der Rampe entlang zu ihren Sitzen gehen, hört man sie flüstern.

DER DRITTE GOTT: Es wird aufkommen.* Die Zertifikate sind sehr schlecht gefälscht.

DER ZWEITE GOTT: Und man wird sich Gedanken machen über die plötzliche Magenverstimmung des Richters.

DER ERSTE GOTT: Nein, sie ist natürlich, da er eine halbe Gans aufgegessen hat.

DIE SHIN: Es sind neue Richter!

WANG: Und sehr gute!
*Der dritte Gott, der als letzter geht, hört ihn, wendet sich
um und lächelt ihm zu. Die Götter setzen sich. Der erste
Gott schlägt mit dem Hammer auf den Tisch. Der Polizist
holt Shui Ta herein, der mit Pfeifen empfangen wird, aber
in herrischer Haltung einhergeht.*

DER POLIZIST: Machen Sie sich auf eine Überraschung gefaßt.
Es ist nicht der Richter Fu Yi Tscheng. Aber die neuen
Richter sehen auch sehr mild aus.
Shui Ta erblickt die Götter und wird ohnmächtig.

DIE JUNGE PROSTITUIERTE: Was ist das? Der Tabakkönig ist
in Ohnmacht gefallen.

DIE SCHWÄGERIN: Ja, beim Anblick der neuen Richter!

WANG: Er scheint sie zu kennen! Das verstehe ich nicht.

DER ERSTE GOTT: *eröffnet die Verhandlung:* Sind Sie der
Tabakgroßhändler Shui Ta?

SHUI TA: *sehr schwach:* Ja.

DER ERSTE GOTT: Gegen Sie wird die Anklage erhoben, daß
Sie Ihre leibliche Kusine, das Fräulein Shen Te, beiseite
geschafft haben, um sich ihres Geschäfts zu bemächtigen.
Bekennen Sie sich schuldig?

SHUI TA: Nein.

DER ERSTE GOTT: *in der Akten blätternd:* Wir hören
zunächst den Polizisten des Viertels über den Ruf des
Angeklagten und den Ruf seiner Kusine.

DER POLIZIST: *tritt vor:* Fräulein Shen Te war ein Mädchen,
das sich gern allen Leuten angenehm machte, lebte und
leben ließ, wie man sagt. Herr Shui Ta hingegen ist ein
Mann von Prinzipien. Die Gutherzigkeit des Fräuleins
zwang ihn mitunter zu strengen Maßnahmen. Jedoch hielt
er sich im Gegensatz zu dem Mädchen stets auf seiten des
Gesetzes, Euer Gnaden. Er entlarvte Leute, denen seine
Kusine vertrauensvoll Obdach gewährt hatte, als eine
Diebesbande, und in einem andern Fall bewahrte er die

Shen Te im letzten Augenblick vor einem glatten Meineid.* Herr Shui Ta ist mir bekannt als respektabler und die Gesetze respektierender Bürger.

DER ERSTE GOTT: Sind weitere Leute hier, die bezeugen wollen, daß dem Angeklagten eine Untat, wie sie ihm vorgeworfen wird, nicht zuzutrauen ist?*
Vortreten Herr Shu Fu und die Hausbesitzerin.

DER POLIZIST: *flüstert den Göttern zu:* Herr Shu Fu, ein sehr einflußreicher Herr!

HERR SHU FU: Herr Shui Ta gilt in der Stadt als angesehener Geschäftsmann. Er ist zweiter Vorsitzender der Handelskammer und in seinem Viertel zum Friedensrichter vorgesehen.

WANG: *ruft dazwischen:* Von euch! Ihr macht Geschäfte mit ihm!

DER POLIZIST: *flüsternd:* Ein übles Subjekt!*

DIE HAUSBESITZERIN: Als Präsidentin des Fürsorgevereins möchte ich dem Gerichtshof zur Kenntnis bringen, daß Herr Shui Ta nicht nur im Begriff steht, zahlreichen Menschen in seinen Tabakbetrieben die bestdenkbaren Räume,* hell und gesund, zu schenken, sondern auch unserem Invalidenheim laufend Zuwendungen macht.

DER POLIZIST: *flüsternd:* Frau Mi Tzü, eine nahe Freundin des Richters Fu Yi Tscheng!

DER ERSTE GOTT: Jaja, aber nun müssen wir auch hören, ob jemand weniger Günstiges über den Angeklagten auszusagen hat.
Vortreten Wang, der Schreiner, das alte Paar, der Arbeitslose, die Schwägerin, die junge Prostituierte.

DER POLIZIST: Der Abschaum des Viertels!

DER ERSTE GOTT: Nun, was wißt ihr von dem allgemeinen Verhalten des Shui Ta?

RUFE: *durcheinander:* Er hat uns ruiniert! – Mich hat er erpreßt! – Uns zu Schlechtem verleitet! – Die Hilflosen ausgebeutet! – Gelogen! – Betrogen! – Gemordet!

DER ERSTE GOTT: Angeklagter, was haben Sie zu antworten?

SHUI TA: Ich habe nichts getan, als die nackte Existenz
meiner Kusine gerettet, Euer Gnaden. Ich bin nur gekommen, wenn die Gefahr bestand, daß sie ihren kleinen
Laden verlor. Ich mußte dreimal kommen. Ich wollte nie
bleiben. Die Verhältnisse haben es mit sich gebracht, daß
ich das letzte Mal geblieben bin. Die ganze Zeit habe ich
nur Mühe gehabt. Meine Kusine war beliebt, und ich habe
die schmutzige Arbeit verrichtet. Darum bin ich verhaßt.

DIE SCHWÄGERIN: Das bist du. Nehmt unsern Fall, Euer
Gnaden! *Zu Shui Ta:* Ich will nicht von den Ballen reden.

SHUI TA: Warum nicht? Warum nicht?

DIE SCHWÄGERIN: *zu den Göttern:* Shen Te hat uns Obdach
gewährt, und er hat uns verhaften lassen.

SHUI TA: Ihr habt Kuchen gestohlen!

DIE SCHWÄGERIN: Jetzt tut er, als kümmerten ihn die Kuchen
des Bäckers! Er wollte den Laden für sich haben!

SHUI TA: Der Laden war kein Asyl, ihr Eigensüchtigen!

DIE SCHWÄGERIN: Aber wir hatten keine Bleibe!

SHUI TA: Ihr wart zu viele!

WANG: Und sie hier? *Er deutet auf die beiden Alten.* Waren
sie auch zu eigensüchtig?

DER ALTE: Wir haben unser Erspartes in Shen Te's Laden
gegeben. Warum hast du uns um unsern Laden gebracht?

SHUI TA: Weil meine Kusine einem Flieger zum Fliegen
verhelfen wollte. Ich sollte das Geld schaffen!

WANG: Das wollte vielleicht sie, aber du wolltest die
einträgliche Stelle in Peking. Der Laden war dir nicht gut
genug.*

SHUI TA: Die Ladenmiete war zu hoch!

DIE SHIN: Das kann ich bestätigen.

SHUI TA: Und meine Kusine verstand nichts vom Geschäft.

DIE SHIN: Auch das! Außerdem war sie verliebt in den Flieger.

SHUI TA: Sollte sie nicht lieben dürfen?

WANG: Sicher! Warum hast du sie dann zwingen wollen, einen ungeliebten Mann zu heiraten, den Barbier hier?

SHUI TA: Der Mann, den sie liebte, war ein Lump.

WANG: Der dort? *Er zeigt auf Sun.*

SUN: *springt auf:* Und weil er ein Lump war, hast du ihn in dein Kontor genommen!

SHUI TA: Um dich zu bessern! Um dich zu bessern!

DIE SCHWÄGERIN: Um ihn zum Antreiber zu machen!

WANG: Und als er so gebessert war, hast du ihn da nicht verkauft an diese da? *Er zeigt auf die Hausbesitzerin.* Sie hat es überall herumposaunt.*

SHUI TA: Weil sie mir die Lokalitäten nur geben wollte, wenn er ihr die Knie tätschelte!

DIE HAUSBESITZERIN: Lüge! Reden Sie nicht mehr von meinen Lokalitäten! Ich habe mit Ihnen nichts zu schaffen, Sie Mörder! *Sie rauscht beleidigt ab.*

SUN: *bestimmt:* Euer Gnaden, ich muß ein Wort für ihn einlegen!

DIE SCHWÄGERIN: Selbstverständlich mußt du. Du bist sein Angestellter.

DER ARBEITSLOSE: Er ist der schlimmste Antreiber, den es je gegeben hat. Er ist ganz verkommen.

SUN: Euer Gnaden, der Angeklagte mag mich zu was immer gemacht haben, aber er ist kein Mörder. Wenige Minuten vor seiner Verhaftung habe ich Shen Te's Stimme aus dem Gelaß hinter dem Laden gehört!

DER ERSTE GOTT: *gierig:* So lebte sie also? Berichte uns genau, was du gehört hast!

SUN: *triumphierend:* Ein Schluchzen, Euer Gnaden, ein Schluchzen!

DER DRITTE GOTT: Und das erkanntest du wieder?

SUN: Unbedingt. Sollte ich nicht ihre Stimme kennen?

HERR SHU FU: Ja, oft genug hast du sie schluchzen gemacht!

SUN: Und doch habe ich sie glücklich gemacht. Aber dann wollte er – *auf Shui Ta deutend* – sie an dich verkaufen.

SHUI TA: *zu Sun:* Weil du sie nicht liebtest!

WANG: Nein: um des Geldes willen!

SHUI TA: Aber wozu wurde das Geld benötigt, Euer Gnaden? *Zu Sun:* Du wolltest, daß sie alle ihre Freunde opferte, aber der Barbier bot ihr seine Häuser und sein Geld an, daß den Armen geholfen würde. Auch damit sie Gutes tun konnte, mußte ich sie mit dem Barbier verloben.

WANG: Warum hast du sie da nicht das Gute tun lassen, als der große Scheck unterschrieben wurde? Warum hast du die Freunde Shen Te's in die schmutzigen Schwitzbuden geschickt, deine Tabakfabrik, Tabakkönig?

SHUI TA: Das war für das Kind!

DER SCHREINER: Und meine Kinder? Was machtest du mit meinen Kindern?
Shui Ta schweigt.

WANG: Jetzt schweigst du! Die Götter haben Shen Te ihren Laden gegeben als eine kleine Quelle der Güte. Und immer wollte sie Gutes tun,* und immer kamst du und hast es vereitelt.

SHUI TA: *außer sich*: Weil sonst die Quelle versiegt wäre, du Dummkopf.

DIE SHIN: Das ist richtig, Euer Gnaden!

WANG: Was nützt die Quelle, wenn daraus nicht geschöpft werden kann?

SHUI TA: Gute Taten, das bedeutet Ruin!

WANG: *wild*: Aber schlechte Taten, das bedeutet gutes Leben, wie? Was hast du mit der guten Shen Te gemacht, du schlechter Mensch? Wie viele gute Menschen gibt es schon, Erleuchtete? Sie aber war gut! Als der dort meine

Hand zerbrochen hatte, wollte sie für mich zeugen. Und jetzt zeuge ich für sie. Sie war gut, ich bezeuge es. *Er hebt die Hand zum Schwur.*

DER DRITTE GOTT: Was hast du an der Hand, Wasserverkäufer? Sie ist ja steif.

WANG: *zeigt auf Shui Ta:* Er ist daran schuld, nur er! Sie wollte mir das Geld für den Arzt geben, aber dann kam er.* Du warst ihr Todfeind!

SHUI TA: Ich war ihr einziger Freund!

ALLE: Wo ist sie?

SHUI TA: Verreist.

WANG: Wohin?

SHUI TA: Ich sage es nicht!

ALLE: Aber warum mußte sie verreisen?

SHUI TA: *schreiend:* Weil ihr sie sonst zerrissen hättet!
Es tritt eine plötzliche Stille ein.
Shui Ta ist auf seinen Stuhl gesunken: Ich kann nicht mehr. Ich will alles aufklären. Wenn der Saal geräumt wird und nur die Richter zurückbleiben, will ich ein Geständnis machen.

ALLE: Er gesteht! – Er ist überführt!

DER ERSTE GOTT: *schlägt mit dem Hammer auf den Tisch:*
Der Saal soll geräumt werden.
Der Polizist räumt den Saal.

DIE SHIN *im Abgehen, lachend:* Man wird sich wundern!

SHUI TA: Sind sie draußen? Alle? Ich kann nicht mehr schweigen. Ich habe euch erkannt, Erleuchtete!

DER ZWEITE GOTT: Was hast du mit unserm guten Menschen von Sezuan gemacht?

SHUI TA: Dann laßt mich euch die furchtbare Wahrheit gestehen, ich bin euer guter Mensch!
Er nimmt die Maske ab und reißt sich die Kleider weg, Shen Te steht da.

DER DRITTE GOTT: Shen Te!

SHEN TE: Ja, ich bin es. Shui Ta und Shen Te, ich bin beides.

Euer einstiger Befehl
Gut zu sein und doch zu leben
Zerriß mich wie ein Blitz in zwei Hälften. Ich
Weiß nicht, wie es kam: gut sein zu andern
Und zu mir konnte ich nicht zugleich
Andern und mir zu helfen, war mir zu schwer.
Ach, eure Welt ist schwierig! Zu viel Not, zu viel
      Verzweiflung!
Die Hand, die dem Elenden gereicht wird
Reißt er einem gleich aus!* Wer den Verlorenen hilft
Ist selbst verloren! Denn wer könnte
Lang sich weigern, böse zu sein, wenn da stirbt,
      wer kein Fleisch ißt?*
Aus was sollte ich nehmen, was alles gebraucht wurde?
      Nur
Aus mir! Aber dann kam ich um! Die Last der guten
      Vorsätze
Drückte mich in die Erde. Doch wenn ich Unrecht tat
Ging ich mächtig herum und aß vom guten Fleisch!
Etwas muß falsch sein an eurer Welt. Warum
Ist auf die Bosheit ein Preis gesetzt und warum
      erwarten den Guten
So harte Strafen?* Ach, in mir war
Solch eine Gier, mich zu verwöhnen!* Und da war auch
In mir ein heimliches Wissen, denn meine Ziehmutter
Wusch mich mit Gossenwasser! Davon kriegte ich
Ein scharfes Aug. Jedoch Mitleid
Schmerzte mich so, daß ich gleich in wölfischen Zorn
      verfiel
Angesichts des Elends. Dann
Fühlte ich, wie ich mich verwandelte und
Mir die Lippe zur Lefze wurd.* Wie Asche im Mund
Schmeckte das gütige Wort. Und doch
Wollte ich gern ein Engel sein den Vorstädten.
      Zu schenken

War mir eine Wollust. Ein glückliches Gesicht
Und ich ging wie auf Wolken.
Verdammt mich: alles, was ich verbrach
Tat ich, meinen Nachbarn zu helfen
Meinen Geliebten zu lieben und
Meinen kleinen Sohn vor dem Mangel zu retten.
Für eure großen Pläne, ihr Götter
War ich armer Mensch zu klein.

DER ERSTE GOTT: *mit allen Zeichen des Entsetzens:* Sprich
nicht weiter, Unglückliche! Was sollen wir denken, die so
froh sind, dich wiedergefunden zu haben!

SHEN TE: Aber ich muß euch doch sagen, daß ich der böse
Mensch bin, von dem alle hier diese Untaten berichtet
haben.

DER ERSTE GOTT: Der gute Mensch, von dem alle nur Gutes
berichtet haben!

SHEN TE: Nein, auch der böse!

DER ERSTE GOTT: Ein Mißverständnis! Einige unglückliche
Vorkommnisse! Ein paar Nachbarn ohne Herz! Etwas
Übereifer!

DER ZWEITE GOTT: Aber wie soll sie weiterleben?

DER ERSTE GOTT: Sie kann es! Sie ist eine kräftige Person
und wohlgestaltet und kann viel aushalten.

DER ZWEITE GOTT: Aber hast du nicht gehört, was sie sagt?

DER ERSTE GOTT: *heftig:* Verwirrtes, sehr Verwirrtes!
Unglaubliches, sehr Unglaubliches! Sollen wir eingestehen, daß unsere Gebote tödlich sind? Sollen wir verzichten auf unsere Gebote? *Verbissen:* Niemals! Soll die
Welt geändert werden? Wie? Von wem? Nein, es ist alles
in Ordnung! *Er schlägt schnell mit dem Hammer auf den
Tisch.*

Und nun –
*Auf ein Zeichen von ihm ertönt Musik. Eine rosige Helle
entsteht.*

Laßt uns zurückkehren. Diese kleine Welt
Hat uns sehr gefesselt. Ihr Freud und Leid
Hat uns erquickt und uns geschmerzt. Jedoch
Gedenken wir dort über den Gestirnen
Deiner, Shen Te, des guten Menschen, gern
Die du von unserm Geist hier unten zeugst
In kalter Finsternis die kleine Lampe trägst.*
Leb wohl, mach's gut!

*Auf ein Zeichen von ihm öffnet sich die Decke. Eine rosa
Wolke läßt sich hernieder. Auf ihr fahren die Götter sehr
langsam nach oben.*

SHEN TE: Oh, nicht doch, Erleuchtete! Fahrt nicht weg!
Verlaßt mich nicht! Wie soll ich den beiden guten Alten in
die Augen schauen, die ihren Laden verloren haben, und
dem Wasserverkäufer mit der steifen Hand? Und wie soll
ich mich des Barbiers erwehren, den ich nicht liebe, und
wie Suns, den ich liebe? Und mein Leib ist gesegnet,* bald
ist mein kleiner Sohn da und will essen? Ich kann nicht
hier bleiben!
*Sie blickt gehetzt nach der Tür, durch die ihre Peiniger
eintreten werden.*

DER ERSTE GOTT: Du kannst es. Sei nur gut, und alles wird
gut werden!
*Herein die Zeugen. Sie sehen mit Verwunderung die
Richter auf ihrer rosa Wolke schweben.*

WANG: Bezeugt euren Respekt! Die Götter sind unter uns
erschienen! Drei der höchsten Götter sind nach Sezuan
gekommen, einen guten Menschen zu suchen. Sie hatten
ihn schon gefunden, aber . . .

DER ERSTE GOTT: Kein Aber! Hier ist er!

ALLE: Shen Te!

DER ERSTE GOTT: Sie ist nicht umgekommen, sie war nur
verborgen. Sie wird unter euch bleiben, ein guter Mensch!

SHEN TE: Aber ich brauche den Vetter!

DER ERSTE GOTT: Nicht zu oft!

SHEN TE: Jede Woche zumindest!

DER ERSTE GOTT: Jeden Monat, das genügt!

SHEN TE: Oh, entfernt euch nicht, Erleuchtete! Ich habe noch nicht alles gesagt! Ich brauche euch dringend!

DIE GÖTTER: *singen das*

»TERZETT* DER ENTSCHWINDENDEN GÖTTER
AUF DER WOLKE«

Leider können wir nicht bleiben
Mehr als eine flüchtige Stund:
Lang besehn, ihn zu beschreiben
Schwände hin der schöne Fund.*
Eure Körper werfen Schatten
In der Flut des goldnen Lichts
Drum müßt ihr uns schon gestatten
Heimzugehn in unser Nichts.

SHEN TE: Hilfe!

DIE GÖTTER:
Und lasset, da die Suche nun vorbei
Uns fahren schnell hinan!
Gepriesen sei, gepriesen sei
Der gute Mensch von Sezuan!

Während Shen Te verzweifelt die Arme nach ihnen ausbreitet, verschwinden sie oben, lächelnd und winkend.

EPILOG

Vor den Vorhang tritt ein Spieler und wendet sich
entschuldigend an das Publikum mit einem Epilog.*

Verehrtes Publikum, jetzt kein Verdruß:
Wir wissen wohl, das ist kein rechter Schluß.
Vorschwebte uns: die goldene Legende.
Unter der Hand nahm sie ein bitteres Ende.
Wir stehen selbst enttäuscht und sehn betroffen
Den Vorhang zu und alle Fragen offen.
Dabei sind wir doch auf Sie angewiesen
Daß Sie bei uns zu Haus sind und genießen.
Wir können es uns leider nicht verhehlen:
Wir sind bankrott, wenn Sie uns nicht empfehlen!
Vielleicht fiel uns aus lauter Furcht* nichts ein.
Das kam schon vor. Was könnt die Lösung sein?
Wir konnten keine finden, nicht einmal für Geld.
Soll es ein andrer Mensch sein? Oder eine andre Welt?
Vielleicht nur andere Götter? Oder keine?
Wir sind zerschmettert und nicht nur zum Scheine!*
Der einzige Ausweg wär aus diesem Ungemach:
Sie selber* dächten auf der Stelle nach
Auf welche Weis dem guten Menschen man
Zu einem guten Ende helfen kann.
Verehrtes Publikum, los, such dir selbst den Schluß!
Es muß ein guter da sein, muß, muß, muß!

NOTES TO THE TEXT

45 **Hauptstadt von Sezuan:** Brecht does not name the capital of Szechwan (Cheng tu), leaving the locality deliberately vague.

47 **erwartet werden dürfen:** note Wang's polite, formal style in speaking of the gods.

   sie als erster begrüßen kann: 'so that I may be the first to greet them'.

48 **das haben die Götter nicht nötig:** Wang's naïve faith in the gods is illustrated by his assumption that they do not need to use force to impose their will.

   Verfügt über mich: 'I am at your service'. cf. 'Gott verfügt über das Schicksal der Menschen': 'God determines Man's fate'.

49 **lächelnd:** either the gods are as naïve as Wang, or they are humouring him.

   die Provinz Kwan: there is no actual province of Kuan in China, though several towns bear this name.

50 **Weil sie den Staudamm verfallen ließen:** the second god has greater insight than his colleagues. Cf. his perception (p. 50): 'Es gibt keinen Gottesfürchtigen mehr'. Also it is he who draws attention to the false bottom in Wang's measuring cup.

page
50   **Alle Finger leckt man sich danach . . . ihr versteht:**
'They are all dying to put you up. So far we've just had
bad luck'.

Schun: again Brecht has used the name of a town
(Shun) to denote a province or district.

Wir dürfen es uns nicht zu leicht machen: 'We mustn't
take the easy way out' (i.e. give up too soon).

ein menschenwürdiges Dasein: for a discussion of this
concept see Introduction pp. 33–34. See also p. 132
and p. 165.

er fällt weg: i.e. Wang – 'we can strike him out', 'he's
lost' (as a good person).

Aber was ist das schon, wenn einer angefault ist?: 'But
what does it matter if one person is rotten?'

51   **Wo denkt ihr hin?:** 'What on earth do you mean?'

Die Gesinnung ist wichtiger: 'It's the attitude that
counts'.

52   **Schieber:** black-marketeer, swindler, who is in effect
'pushing' the gods onto someone else.

Ihr werdet in siedendem Pech braten: note the comedy
in the contrast between the traditional biblical threat of
the burning pitch and the modern earthy colloquialism
which follows (there is a reference to burning pitch in
Isaiah 34: 9).

Bis ins vierte Glied: 'you will pay for it into the fourth
generation' (a further biblical reference, Exodus 20: 5).

Freier: a regular 'customer', who will 'take her out'.

53   **Es geht mir nicht gut . . .:** Shen is not doing well financially, and needs the money (from the customer) for the
rent, but she will nevertheless take them in.

**der Magen knurrt leider auch, wenn der Kaiser
Geburtstag hat:** a proverbial saying expressing Shen's
need to think of the financial implications despite the
exalted status of her visitors.

zuviel Verkehr hier: there is irony in the situation
as Wang ushers the gods away while Shen gets rid of her
client.

page

54 **mit einem Anlauf:** plucking up courage to start (to tell them they are to stay with Shen Te, a prostitute).

Traggerät: the pole on which he carries his buckets of water over his shoulders.

56 **es ist ihm schlecht bekommen:** 'I'm afraid it hasn't done him any good'.

Wenn sie etwas mehr hätte . . . schaffen: 'If she had a little more money she could perhaps manage it a little more easily'.

58 **Silberdollar:** the silver dollar was formerly the main unit of currency in China, now replaced by the yuan.

59 **Das ist der Gipfel:** 'That's the limit'. Frau Shin is here indulging in hypocritical double-talk (it is *she* who has previously been talking about 'Bude' and 'Elendsviertel'. Shortly she is even to accuse Shen Te of 'tightening the noose' ('Jetzt drehen Sie mir die Gurgel zu').

Was sind denn das für welche?: 'What sort of people are *they*?'

hatten sie mich auf die Straße gesetzt: here, as on other occasions, Shen Te is willing to be generous to those who have done her ill, a particularly Christian virtue.

60 **Das geht wohl auf uns?:** 'Was that (remark) aimed at us?'

61 **Sag, er gehört einem Verwandten:** the first suggestion leading to the invention of Shui Ta.

Ich werde euch gleich das Quartier aufsagen . . . zurückschütten!: (if you do) 'I will give you notice and take back my rice!'

62 **das hier gesessen ist:** 'which used to operate here'.

Sie stecken natürlich mit dieser Shin unter einer Decke: 'Of course you're hand in glove with that woman Shin!'

Dann lasse ich Sie einsteigern: 'I'll force you to sell up', 'auction off your possessions' (normally 'ersteigern').

Ein wenig Nachsicht und die Kräfte verdoppeln sich . . .: further examples of Brechtian proverbs. The

page

aphorisms are all inventions by Brecht, with a peasant flavour, all pleading the cause of patience. They are appropriate to Shen Te's easy-going attitude, in contrast to the hasty, grasping businessman.

62 **Ein Durch-die-Finger-Sehen:** the origin of the phrase is biblical (Leviticus 20: 4), meaning 'to be lenient or forbearing.'

63 **das Hemd vom Leibe reißen:** 'skin you', 'fleece you.'

64 **Vielleicht könnten wir für Fräulein Shen Te bürgen?:** the man is prepared to vouch for Shen Te for purely selfish reasons.

65 **Ich habe einen Vetter:** Shen Te finally recognizes the necessity for the assumption of her role as Shui Ta.

   Jetzt kommt alles auf!: 'Now it will all come out' (i.e. that Shen Te was a prostitute). By p. 77 the Hausbesitzerin is well aware of the situation.

   Er frißt wie ein Scheunendrescher: 'He eats like a horse'.

66 **Aber jetzt riegeln wir hier ab:** a further sign that the family intend to be the sole beneficiaries of Shen Te's good fortune.

   Denn wovon soll sonst der Schornstein rauchen?: another proverbial saying, meaning 'How are we all to live?'

   Auf eine wird es wohl nicht ankommen: 'It won't matter if I have just one (cigarette)'.

   Das Lied vom Rauch: a song expressing profound disillusionment. Brecht originally considered introducing into *Der gute Mensch* the theme of the dangers of drugs (specifically opium), to which Sun was to succumb. In its final version the *Rauch* of this song no longer refers to opium-smoking, but relates to the more general theme of hopelessness and futility.

   vor: conjunction, 'before . . .'.

67 **So versucht' ich's mit dem krummen Pfad:** 'I tried the crooked path (of crime)'.

page

Nicht einmal für ein Nachtlager haben wir ihn angegriffen: 'We didn't even break into it' (the stock of tobacco) to pay for a bed'.

68 **Der Rettung kleiner Nachen . . . Greifen gierig nach ihm:** The small rescue boat (i.e. Shen Te) is itself carried to the bottom because of the large number of those needing (economic) assistance.

69 **Er nahm uns . . . und er war gut:** the style of these lines is biblical, the repeated subject *er* standing for Shen Te.

70 **ich Kleingläubiger:** 'I of little faith' (cf. St. Matthew, 8: 26).

die an nichts ein gutes Haar läßt: 'which pulls everyone to pieces', 'has no faith in anyone'.

Sie soll das Geld zu einem kleinen Laden bekommen haben: note the irony of these lines. The gods will not admit they gave Shen Te the money for the shop; nor are they meanwhile aware of her subsequent difficulties.

71 **aus den Wolken fallend:** 'flabbergasted'.

Wo steckt sie überhaupt?: 'Wherever can she have got to?'

72 **Kuchenbäcker:** 'baker' (of bread and cakes). The boy is told to stuff his shirt with what he can, and then to take some little cakes too.

Und komm dem Polizisten nicht in die Quere: 'And keep out of the way of the policeman'.

Sie wird ihm schön heimleuchten: 'She'll give him a piece of her mind' (i.e. Shen Te).

Das Unglück besteht darin . . . steuern könnte: Shui Ta recognizes that what is needed is not charity, but social change. The fault lies with those in authority, as the four lines of verse on p. 73 indicate.

73 **Der Gouvernör befragt . . . einfach zudeckt:** A Brechtian adaptation of the lines of a Chinese poet Po-Chü-yi (see Knopf, *Materialien*, pp. 116-17). The poet longs for a giant rug to keep the poor warm, but Brecht's version carries bitter irony in the two meanings

page

of 'zudecken' ('to tuck up in bed', and also 'to cover up the dead in the grave').

73   **Das ist gut gegeben:** 'That's done him!' (given him his due).

Rauchwaren: i.e. the tobacco.

Mir kann es recht sein: 'That's all right by me'.

74   **nach Maß gearbeitet:** 'made to fit'.

Sie passen in dieses Loch . . . sonst nirgends hin: 'They fit this dump and nowhere else'.

verschnitten: the carpenter means that the wood is now 'spoiled' ('cut badly') in that it cannot now be used anywhere else.

Da kann ich nicht mehr mit: 'I've had enough'.

So muß man diese Typen behandeln!: note the woman's malicious pleasure at Shui Ta's treatment of the carpenter.

75   **Nur nicht schreien mit nüchternem Magen:** 'There's no point in arguing on an empty stomach' (i.e. they would be wasting their breath).

grüßt tief hinaus: 'bows low' (i.e. to the policeman).

Wenn er quatscht . . . sind wir geschnappt: 'If he natters on until the boy gets back we'll be copped'.

daß wir den größten Wert darauf legen . . . zu stehen: 'we attach great importance to being on good terms with the authorities'.

76   **Gäste! . . .:** Shui Ta's words are addressed to the policeman.

Wir wußten nichts davon: The woman's unscrupulous cynicism reaches its peak as she tries to hand the boy (whom they instructed to steal) over to justice in order to save her own skin.

77   **Absteigequartier:** 'doss-house'. The Hausbesitzerin refers here to the 'vultures' (as Shui Ta indicates on p. 78)

Fünfkäschkämmerchen: 'cheap little garret', referring

page

to Shen Te's previous little room. 'Käsch' = 'cash' (traditional small Chinese coin).

ich weiß Bescheid: 'I know all about her'.

Man hat sie beschuldigt, gehungert zu haben!: note Shui Ta's bitter sarcasm over the accusations against Shen Te.

Sie war eine ganz gewöhnliche . . .: The Hausbesitzerin was no doubt going to add 'Prostituierte', but Shui Ta's 'Unbemittelte' indicates his awareness that her real objection to Shen Te is the latter's poverty. The following exchange between them then demonstrates that the Hausbesitzerin is concerned not so much with Shen Te's moral reputation as with her own opportunity to exploit it financially.

ich muß Rücksichten nehmen: 'I must take the feelings of other people into account'.

78   **Er wird sich die Haut von den Fingern arbeiten:** 'He will work his fingers to the bone' (referring to Shen Te).

ehe er zurückgeht dorthin: 'rather than go back to the gutter' ('die Tiefe', above).

nicht mit Gold aufzuwiegen: 'worth his weight in gold'.

hat uns einen Dienst erwiesen: i.e. in helping to get the boy-thief handed over to justice.

das geht mich nichts an: 'that's none of my business'.

79   **Ich liebe es, mit meinen Mietern in gutem Einvernehmen zu sein:** 'I like to be on good terms with my tenants' (but on her own terms!)

Bald wird sie sich wieder auf sich selber angewiesen sein: 'Soon she will have to fend for herself again' (a further reminder that Shui Ta and Shen Te are one and the same person).

·haben es schnell heraus: 'quickly gather'.

Aber Härte und Verschlagenheit . . . dann kam der Fluß!: note Shui Ta's bitterness as he contemplates his course of action, involving severity and cunning ('Verschlagenheit') towards the poor and downtrodden.

page

The letter of the law permits such behaviour (such as handing the boy-thief over to justice), and guarantees success against the vulnerable (the 'rats'), but the implication is that it is not necessarily morally justified, and may not help against stronger opposition (the 'river').

80   **da wollen wir uns nichts vormachen:** 'and we mustn't fool ourselves in this respect'.

käufliche Liebe: 'prostitution', 'immoral earnings'.

was hilft alle Weisheit, wenn die Milch schon verschüttet ist?: 'There's no point in crying over spilt milk' (i.e. there is no escaping Shen Te's reputation which the Hausbesitzerin is exploiting, justifiably in the eyes of the law, for her own ends.)

Ein sehr alter Satz: 'A very old saying' (i.e. that times are bad).

eine Partie: 'a good catch'.

Sie gehen uns an die Hand . . . dafür Ihre Heiratsannonce auf!: 'You have lent us a hand (in the case of the boy-thief), so we'll draft you a marriage advertisement.'

Witwer nicht ausgeschlossen: 'widower could be considered'.

hübsche sympathische Erscheinung: 'good-looking'.

Mit Entsetzen sehe ich . . . tatsächlich einen Ausweg: note the irony of Shui Ta's words. He thanks the policeman for preventing Shen Te from 'falling into bad ways' ('unter die Räder kommen') as a result of financial difficulties, when she is in fact having to resort to advertising for a husband!

82   **wirft ihn um einen Weidenast:** i.e. in order to hang himself.

Dich und die Deinen: i.e. the family which Shui Ta threw out.

die Kuchen zu zahlen: there is no reference to this in Scene I, but Shen Te is reported in Scene 2 (p. 71) to have left to fetch breakfast.

page

83   **Goldhafen:** 'crock of gold', referring to the shop.

einen Witwer mit drei Kindern: the advertisement has already borne fruit, but we never meet this particular applicant.

84   **windig:** in the figurative sense of 'dubious', 'dodgy', i.e. untrustworthy, with no real knowledge or experience.

Das kommt nur in eine Kiste . . . schmieren kann: 'They only manage to get into a kite through greasing the palm of the supervisor at the hangars'.

Als Kinder hatten wir einen Kranich mit einem lahmen Flügel . . .: Shen Te's extended metaphor in these lines suggests both her sympathy for the downcast Sun (the 'crane'), and her growing personal sorrow at his superior attitude to her.

trug uns keinen Spaß nach: 'didn't mind us teasing him'.

85   **langt . . . nach ihrem Gesicht:** his gesture (repeated on p. 86) illustrates his ambivalent attitude: he is arousing Shen Te's (sexual) interest in him, without committing himself emotionally (see also p. 87).

Dürfte es trübe Abende nicht geben: 'depressing evenings should not be allowed' (because life is hard enough as it is, and any extra reason for complaint is likely to drive one to suicide).

du gehst nicht auf den Strich: 'you don't walk the streets' (as a prostitute).

Ich habe einen Laden . . . auf die Strasse gegangen: note that Shen Te does admit to her previous profession, although she now wishes to make clear to Sun that she no longer practises it.

86   **Hier hast du Geld?:** Sun is speaking sarcastically, but his remarks are ironically correct.

Ich kann Zither spielen . . . und Leute nachmachen: Shen Te is stressing her other accomplishments so as to convince Sun she was something more than just a common prostitute.

page

86   '. . . ich muß meinen Geldbeutel vergessen haben!': she
is presumably recalling a customer who refused to pay
for her services.

Oder war es etwa angenehm?: 'Or did you actually
enjoy being a prostitute?'

Genügsam . . . Was für eine Stadt!: his attitude suggests pleasure that she is seemingly an easy catch, and
consequent contempt (which reinforces his opinion of
the people of the town in general).

Da gehört nicht viel dazu bei dir: 'according to you it
doesn't seem to be very difficult'.

88   **Loch:** i.e. the hole in the sky through which the rain
is falling.

Ob mir seine Nase paßte: 'whether I really liked his
face'. Wang contrasts the situation when his product
was scarce and he as a tradesman could be tyrannically
selective, and the present when his product is worthless.

**jetzt sauft ihr kleinen Kräuter . . . Aus dem großen
Wolkeneuter:** the raining sky is personified as a mother
figure and the clouds are udders, from which plants
(metaphorically representing the people) suck nourish-
ment.

89   **Ich habe einen sehr klugen und kühnen Menschen
kennengelernt:** Shen Te's naïvety is apparent from her
failure to recognize Sun's true nature.

**In der Gesellschaft der Wolken . . . Die freundliche
Post:** these lines are used as a leitmotif and reappear at
the end of Scene 4 (p. 101).

91   **Aber sie laufen ins Geld:** 'But they are eating into her
money'.

dafür geht mehr als die Hälfte des Verdienstes drauf:
'that takes up more than half her earnings'.

enttäuscht: the god's disappointment may stem from
a half-realization that her goodness is economically
impractical.

92   **Erstens muß der Buchstabe . . . zweitens ihr Geist:** the

Christian view is in fact that the 'spirit' is more important than the 'letter of the law'.

Dann übertritt dieser Vetter nicht mehr ihre Schwelle: 'Then this cousin *must* no longer cross her threshold'.

die sieben guten Könige . . . der gerechte Kung: mythological inventions by Brecht. The god is contrasting idealized, lofty characters with mundane activities.

93 **Nichts Durchschlagendes:** 'nothing conclusive', i.e. there is no conclusive evidence of goodness. Their concluding words, muddled and unclear, simply suggest their ill-tempered despair over a situation they do not fully understand.

94 **man bequemt sich . . . :** 'she (i.e. Shen Te) condescends to . . .'.

95 **Sie muß auf Abenteuer ausgehen!:** 'She has to go off gallivanting!'

96 **Ich kann keine großen Sprünge machen:** 'I can't exactly live it up'.

97 **unter die Arme zu greifen:** 'to help you out'.

98 **Wäre es eine Lebensrente?:** 'Would it be worth a pension for life?'

100 **Wo man sie hinstellt/Bleiben sie stehen:** 'Wherever you put them they go'. Shen Te's comment on the people's servility and lack of vitality.

Hangarverwalter beim Postflug: an official in charge of a depot supplying aircraft for the postal service.

am Geld darf so etwas nicht scheitern: There is no indication how she imagines Shui Ta is to raise this money, certainly not by selling the stock, as Sun proposes (p. 105).

103 **Und gestatten den vom Brot . . , gut zu verfahren?:** 'And (why do they not permit) those strengthened by bread and wine to live well and in friendship with each other?'

Reiche: i.e. realms, kingdoms.

und dulden kein Dulden?: 'and (why do they) not tolerate any suffering?'

page

104   **Er wendet sich leise lachend ab:** Shen's mask as Shui has clearly fallen at this point, denoting emotional involvement which she is then able to control with a laugh.

105   **Ich dachte immer, sie nimmt da den Mund etwas voll:** 'I always thought she was boasting'.

Es kann sie den Laden kosten: because the 200 dollars were originally borrowed to pay the rent.

Eile heißt der Wind, der das Baugerüst umwirft: the sense of this proverb is that undue haste is a threat to any new enterprise (in this case Sun's plans, as also his relationship with Shen Te).

es hat bisher mit nichts gezaudert: note Sun's disrespectful reference, apparently to Shen Te's readily given sexual favours (cf. also p. 109).

verkaufen: 'sack' (literally 'sell' in that another may offer yet more money for the job).

107   **Nein, 500!:** The selfish Sun is prepared to sell Shen Te's stock (which cost her 1000) for 300 dollars, which is the balance needed to finance his post as a pilot. Shui needs, however, to raise 500 so that he may also repay the loan to the Teppichhändler and his wife.

unter die Arme greifen: 'help you out'.

verpfändet an zwei alte Leute: the arrangement was made on p. 97.

die erste Zeit: i.e. the first few days' expenses.

108   **Kipp nicht aus den Schuhen:** 'Don't fall through the floor' ('jump out of your shoes', i.e. in concern, surprise).

ein Klotz am Bein: 'a millstone round my neck'.

109   **wie einen undichten Ölbehälter:** 'like a leaking oil-can' (i.e. referring to Sun, something unpleasant, 'something the cat brought in' – Willett, see bibliography).

Man muß sich nach der Decke strecken: roughly equivalent to 'One must cut one's coat according to the cloth' ('Beggars can't be choosers' – Willett).

page

Schwager: 'brother-in-law' (not cousin, probably a slip on Sun's part, or on Brecht's!).

Dagegen ist sie zeitlebens mißhandelt worden: refers to Shen Te's unhappy life as a prostitute.

Glocken: 'wedding bells'.

110 **Lassen wir es an der nötigen Brutalität fehlen?:** 'Do we lack the necessary brutality?' Shui's realistic assessment of the unscrupulousness needed to survive in this evil world in which love is a weakness.

Sie am Hals zu nehmen: Shui is only using Shin as an example, and is not meaning this literally.

wir krallen uns an der glatten Mauer hoch: 'we manage to crawl up the smooth walls' (i.e. drag ourselves out of the mire).

man ist abserviert: 'you've had it' (figurative, 'thrashed' – at sport).

Warum kreisen die Geier dort?: Shui Ta imagines vultures hovering to catch any girl 'weak' enough to be keeping a rendezvous with her lover.

111 **Da muß ein Riegel vorgeschoben werden:** 'A stop must be put to this' (literally: 'a bolt must be drawn on it'). Shu Fu continues the metaphor in the following speech.

wie ein paar Obdachlose unterbringen: usually 'wie sie . . . unterbringen kann', 'wie . . . untergebracht werden können'.

112 **Sie braucht ihn nicht mehr:** Shui Ta realizes that Shen Te must renounce Sun ('jemand'). She bought the shawl to please Sun, see p. 96.

113 **daß sie sich vollends um alles bringt:** 'that she should sacrifice all she has' (i.e. by testifying against Shu Fu). Shui Ta will not testify as he knows it is in Shen Te's material interests to marry Shu Fu.

Wenn Herr Shu Fu nicht Gnade vor Recht . . . ins Kittchen kommen: 'If Herr Shu Fu were not disposed to be merciful and overlook your slanderous allegations, you would end up in clink'.

page

113   **Er ist durchschaut:** i.e. Sun, the 'bestimmten Jemand' whom Shui Ta no longer wishes Shen Te to marry.

frische Wunden: i.e. Shen's feelings for Sun (which she must renounce).

114   **richten Sie . . . von mir aus . . . :** 'inform (her dependents) from me that . . .'.

Was denkt man sich . . . Ordinäres und Plumpes!: i.e. a private dinner may often be seen as a mere preamble for sexual conquest.

115   **Ein gewisses Subjekt:** i.e. Sun.

einige Anschläge: 'attacks', 'plots' (Sun's attempts to sell the stock).

Gewisse Leute . . . zu nahe zu treten . . . : 'Certain people (e.g. Sun) who dare to ruin the reputation of the most respectable girl in town . . .'.

Fräulein Shen Te . . . mit Herrn Shui Ta: note the irony deriving from the ignorance of Shui Ta's identity.

116   **Ohne mich hätten sie . . . auf die Schlachtbank geschleift:** 'Without me they would have dragged you like a lamb to the slaughter' (i.e. in marriage to Shu Fu).

Wie es regnete: an allusion to the rainy day when Shen Te fell in love (pp. 83–7). See also p. 121.

wenn Sie fertig sind: Sun now assumes the sale of the stock will go through. In fact Shen Te does not initiate the sale until p. 133.

120   **Irgendwelche Leute:** a further reference to the Teppichhändler couple.

Der Barbier ist vor den Kopf gestoßen worden: Shu Fu has been 'offended', in effect 'seen off' by this marriage.

Ihr Vetter wird schnell begreifen . . . die 300 nicht noch bekomme: Sun believes he has Shui Ta in an impossible position. If he does not return the 200 dollars, he knows that Shen Te would not be able to repay the Teppichhändler couple who would then have a right to the stock.

page

Thus both the stock and Sun's job would be lost. He thus thinks that Shui will be forced to sell the stock in haste to the Hausbesitzerin, disregarding the old couple's claims, and thus financing Sun's position after all.

Ich werde vor dem Restaurant nach ihm ausschauen: Brecht continually reminds us of the irony deriving from the characters' ignorance of Shui Ta's identity.

121 **Wenn Sie sich zu der Zeremonie . . . Aushandeln der Taxe:** 'If you take as much time with the ceremony as you did over the negotiation of your fee . . .'.

122 **der Bruchteufel, der Nebelteufel und der Gasmangelteufel:** pilots' vocabulary: traditional 'gremlins' to be feared, namely crashes, fog and shortage of fuel.

123 **zur Neige geht:** 'is getting down to the dregs'.

124 **Sie können sich zu Tode beißen in ihrer Gäulestadt:** Sun sees the people of Sezuan as dull and backward, looking up nervously like frightened horses as the forces of progress pass them by, symbolized by the modern aeroplane roaring over their heads.

Lieber bringe ich die 200 in einer Nacht durch: 'I'd sooner blow the 200 on a night's pleasure'.

125 **Die Stelle ist gut:** both emotionally and from the point of view of Shui Ta's common sense Shen Te is now in favour of a marriage to Sun.

die Möbel verkauft: he has sold his mother's furniture (see p. 147).

ich kann dir die 300 Silberdollar nicht geben: at the same time she feels it would be dishonourable to finance Sun's post, as she still wishes to repay the Teppichhändler couple, if not with the 200 which she originally gave to Sun, then out of the 300 which she would receive from the sale of the stock. Shen Te is torn between her emotions, common sense and sense of honour.

'Hier ein Flugzeug . . . nur einen Flügel!': Sun means that without the 300 as well he cannot obtain the job.

Zum Glück, auch zu dem deinen . . . da alles ausgemacht ist:

page

According to Sun it is Shen Te's good fortune that arrangements have already been taken out of her hands (referring to his agreement with Shui Ta).

126 **ein unbekannter Mann aus Peking:** refers to the airman who will be removed from his post to make way for Sun.

sie alle beschützen mich: they 'protect' her in the sense that they prevent her from taking a dishonourable and evil step.

127 **Der Wein macht einen nur warm:** i.e. 'the wine would make us feel too hot'. Frau Yang is making up an excuse for not ordering more.

Nehmen Sie es ihm nicht übel: refers to Sun, who has caused the postponement of the wedding (and who is anything but 'freundlich', in the Brechtian sense).

128 **Er zerrt sie an ihrem Brautschmuck:** Sun pulls at her cheap jewellery as a clumsy sexual advance.

Sie . . . wünscht den Falken in den Wolken: 'She (his mother) wants her falcon (i.e. Sun, the airman) back in the clouds again'.

Sankt Nimmerleinstag: the Never-Never-Day (when Sun might fly).

Und an diesem Tag zahlt die Güte sich aus: 'goodness will be rewarded'. The song, which presents a utopian Day of Judgement when goodness will be rewarded and evil penalized, seems inappropriate to the situation in which the selfish Yangs are awaiting the practical and unscrupulous Shui Ta.

Und Verdienst und Verdienen . . . gute Mienen: the sense is that one's reward ('Verdienst') will be appropriate to one's deserts ('Verdienen').

Und das Gras sieht . . . rollt der Kies: current values will be reversed.

130 **Hilfsarbeiter in der Zementfabrik:** the cement factory is frequently mentioned in the play as the place where people work out of necessity rather than by choice.

in einem imaginären Buch: the 'imaginary book' from

which Wang reads is in fact Dschuang Dsi's *Das wahre Buch vom südlichen Blütenland*, available to Brecht in the German translation by Richard Wilhelm, Jena 1912, reprinted 1940 (see Knopf, *Materialien*, p. 115).

Katalpen: catalpas, trees with large leaves, found in China.

131   **Der Schlechteste ist der Glücklichste:** Wang means that the least useful trees will not be cut down, and will therefore be the happiest.

Shen Te's wegen: Shen Te is compared to the most useful trees (because she is so good, and therefore doomed to be exploited and to perish).

Du schwacher, elender Mensch . . . aufgefressen, scheint es: the god associates Wang's spiritual scepticism with his physical squalor.

ein blau geschlagenes Auge: 'a black eye'.

132   **Wenn wir halbwegs gute Menschen treffen . . . nicht menschenwürdig:** 'If we find people who are partly good they are not living in decent conditions' (see also p. 50 and p. 165).

133   **Denn die 200 Silberdollar . . . an Frau Mi Tzü verkaufen:** Only now does Shen Te initiate the sale of her stock and possessions to repay the old couple. Shen Te is thus losing the shop (for she cannot pay the rent – Sun has not returned the 200 dollars), and the stock too.

134   **auf den Fußzehen:** 'on tip-toes', suggesting that Shu Fu is intended to cut a ridiculous figure here.

135   **Mir schwindelt ein wenig:** the first signs of Shen Te's pregnancy.

Der hat Sie schön hereingelegt!: 'He's really taken you for a ride!'

ist es mit dem großen Scheck Essig . . . nicht gedacht: 'the big cheque (from Shu Fu) is really up the spout. It wasn't meant for that eventuality.'

136   **Ach, der Polizist . . . Sachte, sachte, Sohn!:** realizing that the child will be brought up fatherless, without

page

either the financial backing of Shu Fu or the stability of a family home with Sun, she knows she must train him to fend for himself, to steal from the rich and evade the police.

136 **so grad los . . . nicht machen:** 'you can't go straight for them' (the cherries).

dort sind sie gut aufgehoben: 'they'll be in good hands there'.

Lin To: this is the unfortunate carpenter whom Shui Ta underpaid (see pp. 73–4). It is ironic, but poetically just, that Shen Te now takes in his starving child.

137 **Einer von morgen, der Eroberer:** refer to Shen Te's child. It is the thought of her unborn child that prompts her to help the child at present in distress.

sonst erfährt es Yang Sun: Shen unselfishly means that Sun might feel honour-bound to marry her, which would be a hindrance to him.

Nimm den Wagen da: i.e. Shen Te's cart and goods. This is the ultimate in generosity, as Shin observes on p. 138.

138 **Den Mitmenschen zu treten . . .:** Shen's theme is that it is easier to be good than evil, for people have to make such efforts to trample on their fellow human beings, their veins swelling with greed and their hands straining to acquire more.

das ältliche Paar: of p. 59. (not to be confused with the Teppichhändler and his wife).

139 **wem die Ballen gehören:** the bundles of tobacco are obviously stolen, as Shen Te is well aware.

Das sieht dir allerdings gleich: 'That's just like you'.

140 **das graue Mäulchen:** i.e. a mouth or face, grey with hunger and deprivation.

Wie/Behandelt ihr euresgleichen!: 'Is *that* how you treat your own kind?' (rhetorical)

mit der Frucht/Eures Leibes: 'with the fruit of your body'. Shen Te is accusing the world in general, through the audience.

page
141   **sie gibt ja dann:** 'she will then be generous again.'
      der kleine Feng: the child of p. 136.

142   **die Hand:** in the sense of help, support.
      ohne Gegendienst: the theme 'Verdienst' and
      'Verdienen', first touched on in the *Lied vom Sankt
      Nimmerleinstag* (pp. 128-9) is here taken up again.
      drei Ballen mit Ware: the bundles deposited by the
      ältliche Paar (p. 138). Shui Ta is ruthlessly turning
      stolen property to his own purposes.

144   **Das ist unser Tabak!:** the couple obviously stole the
      tobacco from their own relatives!
      was Sie daraus ersehen können, daß: 'which you can
      gather from the fact that . . .'.

145   **Ballen der Vorschriften:** 'bundle of precepts'. The pre-
      cepts of the gods were voiced by Shen Te herself in the
      Vorspiel (p. 56). Wang's dream of Shen Te trying to
      drag the bundle across the river is an obvious symbolic
      representation of her struggle to keep the gods'
      commandments.

146   **Liebe:** 'Gerechtigkeit', 'Ehre': these absolute virtues
      referred to by Wang were not mentioned explicitly by the
      gods, either in the Vorspiel or subsequently.

147   **zum Publikum:** Frau Yang's speech introduces a cele-
      brated piece of 'epic theatre', during which short scenes
      illustrate her narrative.
      können Sie nicht . . . Gnade vor Recht ergehen lassen?:
      'could you not temper justice with mercy?'
      In zwei Tagen hat er es durchgebracht: as Sun threatened
      on p. 124.
      Shen Te hielt einmal große Stücke auf ihn: 'Shen Te once
      had a high opinion of him'.

149   **die Kinder einspannen:** 'set the children to work too'.
      hätten wir es ganz gut miteinander getroffen: 'we might
      have hit it off quite well together'.
      würdest du gleich einen Stein im Brett haben: 'you
      should be well in with her straight away'.

150   **eines Gerichtstermins wegen:** details of this 'court case'
      are not given. It is presumably not connected with Shui
      Ta's threat to sue him for the 200 dollars because Shui Ta
      withdrew this on p. 148.

      Passiert das öfter . . . als einer der ihren angesehen: note
      Brecht's cynical presentation of labour relations. The
      foreman cheats the firm to get in with the workers. Sun
      gives him away to get in with the boss.

      Du bist ein Flieger . . . Flieg, mein Falke: the image of
      the falcon for the pilot has been used previously on
      p. 128. Now the word 'Flieger' ('flier') is being used in a
      more figurative sense, for Sun is being depicted as the
      industrial and social climber.

151   **Wie will einer ohne sie zu den besseren Leuten gehören?:**
      'How can a man climb to the level of the upper classes
      without them (education and intelligence)?'

      das Pressen: he is ordering a child to take over the
      machine which crushes the tobacco leaves.

      Setz den Großpapa auf die Seite . . . nur zupfen!: 'Put
      grandad over there and let him pluck the tobacco leaves
      with the kids.'

      Jetzt hat es sich ausgefaulenzt hier!: 'There's been
      enough slacking here and there won't be any more'.

      denn das blieb nicht aus: 'for those kind of things were
      inevitable'.

      Lied vom achten Elefanten': The poem was inspired by
      Rudyard Kipling, in whose *Toomai of the Elephants* an
      elephant is also given a supervisory function (quoted in
      Knopf, *Materialien*, p. 120). In Brecht's *Lied* Herr
      Dschin is obviously Shui Ta, while the eighth elephant,
      who drives on the other seven, is Sun.

152   **Hatten satt das Bäumeabschlachten:** 'Had had enough
      of butchering the trees'. Brecht's use of the word
      'abschlachten' ('to slaughter') suggests his antipathy
      not only towards the slave-driving practices of Dschin,
      but also to the nature of the work itself.

hatten keinen Zahn: here, 'tusk'. The working elephants have worn their tusks out, so are physically more vulnerable to the eighth.

alles Gute: an obvious piece of irony, as also is 'zu ehrlicher Arbeit', p. 153.

153 **Das Edle ist wie eine Glocke . . . so tönt sie nicht:** A proverb stating that the 'good' qualities in a person have to be tapped and developed, otherwise they will lie dormant (from the Chinese philosopher Mo Ti, translated by Alfred Forke, Berlin 1922, quoted in Knopf, *Materialien*, p. 117).

154 **das Teppichhändlerpaar:** the old couple who lent Shen Te the 200 dollars used to have the carpet shop opposite (p. 80).

Sie sind im siebenten Monat!: Shin has discovered Shen Te's secret, but has clearly been bribed to keep quiet, and has been attending her during her pregnancy (see pp. 135, 140, 144).

155 **Und ob:** 'Of course you can!'

Es wird in Pflege kommen: 'the child will be fostered'.

Sollten auch Sie zarteren Gefühlen zugänglich sein?: 'Are even you susceptible to tender feelings?'

Jedenfalls sind Sie nicht auf der Höhe in der letzten Zeit: 'Anyway, you haven't been at your best lately.'

156 **sie können allerhöchstens . . . als gesetzlich erlaubt ist:** the authorities allow the business world a considerable amount of leeway, but even they cannot permit *more* than twice the legal number of workers!

weichen Sie mir nicht wieder aus: Sun recognizes that the hat is a device to divert him from his persistent attempts to rescue the business.

mit dem Barbier das neue Projekt besprechen: Sun has been negotiating with Shu Fu and the Hausbesitzerin (Mi Tzü) for new premises (using all the ignoble means he can think of – see below).

unerfüllbare Bedingungen: Shu Fu's conditions are revealed on p. 156.

page

156   **können wir unsere Bittfürmichs . . . an die Luft setzen:** 'we can fire this bunch of beggars, wrecks and walking scarecrows'.

Das wird nicht geschehen: Shui Ta shows traces of Shen Te's scruples.

157   **Regen macht Sie immer so reizbar und melancholisch:** possibly because the rain continues to remind Shen Te of her love for Sun.

158   **Shen Te teilte mir . . . mit, daß sie schwanger sei:** see p. 137

Ich bin hereingelegt worden: ironically Shin used this expression when she first voiced her suspicion of Shen Te's pregnancy (see p. 135).

Mit einem Hut speist man mich ab!: from p. 156.

159   **Das wäre ja ein gefundenes Fressen!:** 'That would be handing it to me on a plate!' (if I find her pregnant, then she'll have to marry me).

Der Regen ist zu stark: Shui Ta could also possibly mean that Shen Te is in her condition now even more susceptible to her love for Sun, so it is imperative that she be kept in the background for the time being.

Das Postflugzeug: Shui Ta now has the idea of fobbing Sun off with the money for the pilot's job again.

Die Firma ist mir . . . ans Herz gewachsen: 'I have grown attached to the firm' (meaning that his job there is both more comfortable and more lucrative than flying).

Das könnte meine Kusine interessieren: Shui Ta appears to be wavering and to be considering the possibilities of a reunion between Sun and Shen Te, but in the face of Sun's aggressive attitude he changes his mind and again tries to buy Sun off (p. 160).

160   **Ich denke . . . an Ihren Hinauswurf:** Sun is using Shen's pregnancy and supposed imprisonment to his own advantage, to take over the firm himself.

161   **Herein die Hausbesitzerin and Herr Shu Fu:** the Hausbesitzerin Mi Tzü and Shu Fu have arrived for

page

negotiations on future premises (as indicated on p. 156).
Ihr charmanter Prokurist: i.e. Sun, an indication of the
success of his methods to win Mi Tzü's agreement (from
p. 156).

ein neues Objekt: i.e. the new premises to be purchased
from Frau Mi Tzü.

Sie wünschen 100 000 Silberdollar: as a loan for the purchase of the premises.

162 **daß das meine Bedingung ist:** both Shu Fu and the
Hausbesitzerin impose difficult conditions on Shui Ta
for the completion of the deal, namely the return of Shen
Te and the transfer of Sun to Mi Tzü.

er wird morgen in ihrem Kontor vorsprechen: Shui
changes his mind, seeing this course now as a means of
ridding himself of Sun (and therefore of protecting Shen
Te from temptation).

163 **Er hat . . . einen ganz unheilvollen Einfluß auf sie
ausgeübt:** Shu Fu is of course unaware of the full irony
of his words.

die Etablierung von zwölf schönen Läden: at last the
final formulation of Shui Ta's plans for Shen Te. Sun
has no part in this.

165 **lebten sie nicht menschenwürdig:** a repeat of what the
third god said on p. 132. See also p. 50.

166 **Die schönen Bäume sind enthauptet . . . Donner von
Kanonen:** These lines either reflect the fact that at
the time of the play's composition the province of
Szechwan was the theatre for operations in the Chinese-
Japanese war of 1937–45, or, as Knopf suggests, they
may be intended as a description of a landscape ruined
by the advances of technology (Knopf, *Materialien*,
p. 121).

167 **Eintreten in Gerichtsroben die drei Götter:** the appearance of the gods as judges represents a whimsical
development on Brecht's part, through which the tri-
bunal becomes a judgement by the gods upon Shen Te. It

page

ends with an implied judgement on the gods themselves. See Introduction, pp. 35–6.

167 **Es wird aufkommen:** 'It will all come out'. The god is afraid that the forgery of the papers permitting them to take the place of the regular judge (who has opportunely been stricken with stomach trouble) will be discovered!

169 **vor einem glatten Meineid:** Shen Te was prepared to testify she had seen Shu Fu crush Wang's hand (p. 99).

daß dem Angeklagten. . . nicht zuzutrauen ist?: 'that the accused is incapable of the monstrous crime with which he has been charged?'

Ein übles Subjekt: Wang, who is regarded as a 'bad customer' because he is intent on exposing a conspiracy in high circles to protect Shui Ta.

die bestdenkbaren Räume: the rooms which are the 'lightest and most hygienic imaginable' are presumably those which have been the subject of negotiation with Mi Tzü and Shu Fu.

170 **Der Laden war dir nicht gut genug:** note how Shui Ta's motives have been misinterpreted. The rapid sequence of brief exchanges of view provides an excellent commentary on Shui Ta's ambivalent behaviour.

171 **Sie hat es überall herumposaunt:** 'She has been proclaiming it to all the world'.

172 **Und immer wollte sie Gutes tun:** Wang puts the naïve case for Shen Te's goodness.

173 **Sie wollte mir das Geld . . . aber dann kam er:** Shen Te wished to sell her belongings to help Wang financially (p. 137), but Shui Ta in effect cancelled the sale (p. 143).

174 **Die Hand, die dem Elenden gereicht wird/Reißt er einem gleich aus:** 'If you hold out your hand to a wretched man, he will immediately tear it off'.

Denn wer könnte Lang sich weigern. . . kein Fleisch ißt?: Shen Te sees evil as a necessity for life.

174 **Warum/Ist auf die Bosheit . . . So harte Strafen:** 'Why is evil rewarded and the good punished so severely?'

in mir war/Solch eine Gier, mich zu verwöhnen: Shen Te

page

means that she dearly wished to do good ('spoil herself').
She took real pleasure in doing good, but had to harden
herself in order to succeed.

Mir die Lippe zur Lefze wurd: 'Lippe' is a lip of a human
being, 'Lefze' that of an animal. Shen Te means that as
her pity turned to 'wolfish anger' she herself became a
beast of prey.

176 **Die du von unserm Geist . . . die kleine Lampe trägst:**
Shen Te is left to carry the light of goodness in the dark
world, testifying to the spirit of the gods, who will now
withdraw.

Und mein Leib ist gesegnet: cf. the biblical 'gesegneten
Leibes sein' ('to be great with child').

177 **Terzett:** 'a trio' (sung by the three gods).

Lang besehn . . . der schöne Fund: 'We looked long at
the beautiful discovery (i.e. the good Shen Te); now let it
vanish (as we depart)'.

178 **Vor den Vorhang tritt ein Spieler:** one of the actors
appeals to the audience not to be angry at the play's lack
of a clear-cut solution.

Vorhang . . . Haus . . . Furcht: note references to
aspects of the theatre, the 'curtain', the 'house' and
'stage fright'. The actors depend on the audience for
their living.

Wir sind zerschmettert, und nicht nur zum Scheine: 'We
are shattered (in the figurative sense), and not only as
part of the dramatic illusion (as actors)'.

Sie selber: members of the audience must themselves
seek the solution.

SELECT VOCABULARY

Note that the meanings given apply only to specific usage in *Der gute Mensch von Sezuan*. Words discussed in the Notes are omitted unless they occur repeatedly.

der **Aasgeier** vulture
abdanken to abdicate, retire
der **Abfall** deterioration, dilapidation
der **Abfalleimer** rubbish bin
abgehärtet hardened, tough
abgemacht agreed
abgerissen tattered
der **Abgrund** abyss
abhalten detain, hold up
ablassen reduce, knock off (price)
ablegen to remove, discard
abmessen to measure out
die **Abrechnung** bill, account
abriegeln to bolt, lock up

sich **abringen (etwas)** to force oneself into
der **Abschaum** scum
der **Abschied** parting, farewell
abschlagen to refuse
der **Abschluß** settlement
abschwellen to go down (swelling)
die **Absicht** intention
absichtlich on purpose
abspeisen to fob off (coll.)
abtreten to transfer, cede
abweichen to deviate, differ, diverge
abweichend different
abweisen to reject, turn away
abwürgen to strangle

abziehen to deduct,
  withdraw
das **Achselzucken** shrug
sich **in Acht nehmen** to be
  careful, look out
  achtbar worthy
die **Achtlosigkeit** carelessness, thoughtless-
  ness
  ächzen to groan
  alleinstehend single,
  living alone
  allerdings though, mind
  you
  allerhand all kinds of
  allgemein generally
in **Anbetracht** (gen.), in
  view of
  anbieten to offer
  anders otherwise
  andeuten to indicate,
  show
sich **aneignen** to appropriate
  anerkannt acknow-
  ledged
  anfällen to attack
die **Anfeindung** hostility
  angefault half-rotten
  angehen (um) to
  approach, ask for
der **Angeklagte** accused
die **Angelegenheit** matter,
  affair
  angenehm pleasant
  angenommen assuming,
  what if
  angesehen respected
  angesichts (gen.), in the
  face of
der **Angestellte** employee

angewiesen sein (auf) to
  be dependent on,
  rely on
angreifen to attack,
  tackle
anhängen to stay with,
  stick with
die **Anklage** accusation
Anklage erheben to
  bring charges
der **Ankömmling** (new)
  arrival
die **Ankunft** arrival
der **Anlauf** attempt, start
anlügen (log) to tell lies
  to
anrufen to appeal to
der **Anschein** appearance
anscheinend apparently
sich **anschicken** to get ready,
  prepare (to do
  something)
anschmieren to con,
  take for a ride
anschwellen (schwillt) to
  swell up
das **Ansehen** reputation
die **Ansicht** view
der **Anspruch** claim
anständig decent,
  respectable
anstoßen to clink
  glasses, drink to
anstrengen to strain
sich **anstrengen** to exert
  oneself
der **Antreiber** slave-driver
antreten to start
  (journey)
die **Anwesenheit** presence

das **Anzeichen** sign
die **Anzeige** report
anzeigen to report (to the police)
der **Anzug** suit
anzünden to light, set fire to
die **Armut** poverty
der **Ast** branch
das **Asyl** sanctuary, shelter
aufatmen to breathe a sigh of relief
die **Aufbewahrung** storage, safekeeping
aufblühend flourishing
aufbrechen to leave, depart
aufbringen to raise (money)
auffallen to attract attention
aufgeregt excited
aufgeschrieben werden to have a police record
aufheben to keep
aufhören to stop
aufklären to resolve, clear up
aufräumen to tidy, clear up
die **Aufregung** excitement, agitation
der **Aufruhr** uprising, revolution
aufrütteln to rouse, shake
aufsagen to give notice (to quit)
aufschieben to put off, delay

der **Aufschub** delay, postponement
der **Aufseher** supervisor, overseer
aufsetzen to draft
sich **aufspielen** to set oneself up (as)
aufstapeln to pile up
aufstellen to set up
aufsteigen to well up (feelings)
der **Aufstieg** rise
aufstrebend thriving
auftauchen to appear
der **Auftrag** order, task
auftreiben to get hold of
das **Auftreten** manner, behaviour
aufweisen to show, exhibit
aufwiegen to outweigh, offset
aufwischen to wipe up, mop up
ausbeuten to exploit
ausbleiben fail to materialize
der **Ausdruck** expression
ausdrücklich particularly, specifically
ausfindig machen to find, discover
die **Ausgaben** expenses
ausgekocht cunning, hard-boiled
ausgeschlossen out of the question
aushalten to bear, endure

aushändigen to hand over

auskommen to get by, manage

die **Auskunft** information

auslöschen to put out, extinguish

ausnützen to exploit

ausrichten to achieve; deliver (message)

die **Aussage** statement, evidence

ausschütten to spill

außer sich sein to be beside oneself

die **Aussicht** view, prospect, possibility

ausspucken to cough up (coll.)

ausstellen to make out (cheque)

der **Austausch** exchange

der **Ausweg** way out, solution

sich **auszeichnen** to distinguish oneself

die **Axt** axe

die **Backe** cheek

der **Balken** beam

der **Ballen** bale, sack

die **Baracke** shack, hovel

das **Bargeld** cash

die **Barmherzigkeit** mercy

beauftragen to commission, instruct

bedauerlich regrettably

bedauern to regret

die **Bedingung** condition

die **Bedrängnis** distress

die **Bedürftigen** those in need

befeuchten to wet

begleichen to pay off (debt)

die **Begleichung** settlement, payment

das **Begräbnis** funeral

begreifen to understand, grasp

begriffen sein to be in the process of

beherbergen to accommodate, shelter

behelligen to bother

die **Behörde** authority

behüten to watch over

behutsam careful

beiseite schaffen to get rid of, do away with

die **Bekanntgabe** announcement

sich **bekennen** confess, admit

sich **beklagen** to complain

die **Bekümmernis** distress

bekümmert worried

belästigen to bother, annoy

belauern to lie in wait for

die **Belegschaft** workforce, staff

beleidigen to insult

nach **Belieben** just as you wish

sich **bemächtigen** (gen.), to get hold of

sich **bemühen** to endeavour

das **Benehmen** behaviour

benötigen to need
beobachten to observe
sich **bequemen** to bring
oneself (to)
berechtigt justified
bereiten to give, afford
bereuen to regret
berichten to report
der **Beruf** profession
beschädigen to damage
beschaffen to get,
obtain
die **Beschäftigung**
employment,
occupation
bescheiden modest
Bescheid wissen to know
about
beschimpfen to abuse,
call names
beschlagnahmen to
confiscate, seize
beschleunigen to speed
up
der **Beschluß** resolution,
order
beschuldigen to accuse
sich **beschweren** to complain
beschwören to beseech,
implore
beseitigen to remove
die **Besinnung** senses
der **Besitzer** owner
besoffen drunk
besorgen to attend to,
see to
bestärken to confirm
bestätigen to confirm
bestehen to exist, last
bestellen to give a
message

bestimmt definitely
bestimmt zu intended
for
betasten to feel
betrachten to look at
betreffend concerning
betreuen to look after
der **Betrieb** factory
sich **betrinken** to get drunk
betroffen full of
consternation
betrüblicherweise
lamentably
der **Betrug** deceit
der **Betrüger** cheat, fraud
betrügerisch deceitful
die **Bettelei** begging
der **Bettler** beggar
sich **beugen** to bend
beunruhigt worried,
disturbed
beurteilen to judge
bevorstehen to be
imminent, approach
bevorzugen to favour
bewahren to keep,
preserve
die **Beziehung** relationship,
connection
bezeugen to testify,
show
im **Bilde sein** to be in the
picture
die **Bildfläche** scene (fig.)
die **Bildung** education
die **Billigkeit** justness,
fairness
bimmeln to ring
die **Blamage** disgrace
blaß pale

die	**Bleibe** place to stay	die	**Diebesbande** band of
	bleichen to bleach, turn		thieves
	white	der	**Diebstahl** theft
der	**Bleistiftstummel** stub	die	**Dienerschaft** servants
	(of pencil)	der	**Dienst** service; **zu euren**
der	**Blitz** lightning		**Diensten** at your
der	**Boden** floor, bottom		service
der	**Bogen** curve, arch		**donnern** to thunder
der	**Bonze** bonze (Buddhist	der	**Draht** wire
	priest)	der	**Dreckhaufen** pile of
die	**Böschung** bank (river)		filth, dung-heap
die	**Bosheit** malice, evil		**dringend** urgently
	böswillig malicious		**drohen** to threaten
	brauchen to use, need		**drücken** to press
die	**Brauchbarkeit**	der	**Duft** fragrance
	usefulness		**dulden** to suffer, endure
der	**Brautführer** person who	der	**Dummkopf** idiot, fool
	gives away the bride	sich	**durchbringen** to get by
	breitbeinig legs apart		**durchlöchert** full of
die	**Brennschere** curling		holes
	tongs		**durchschauen** to see
das	**Brett** board		through
der	**Bruch** breach		**durchsichtig** transparent
	brüllen to roar	sich	**durchschlagen** to
die	**Bude** room, dump		struggle through
	(coll.)		**dürr** skinny
der	**Buchstabe** letter,		
	character		**eben** exactly
sich	**bücken** to bend	das	**Eck (die Ecke)** corner
die	**Bühne** stage	die	**Ehrabschneidung**
die	**Bürde** weight, burden	·	slander
	bürgen to vouch for,	der	**Eid** oath
	stand surety for	die	**Eigenliebe** self-love
der	**Büroangestellte** office-		**eigensüchtig** selfish
	worker		**eigentlich** really
der	**Bursche** fellow, lad		**eigentümlich** strange,
			peculiar
	dauern to last	der	**Eimer** bucket
der	**Dickicht** jungle	sich	**einbilden** to get ideas,
	dickköpfig stubborn		illusions

der **Einfall** idea, brain-wave
einfallen to occur (thoughts, ideas)
der **Einfluß** influence
eingedrückt bent, flattened
eingehen to fold (business)
eingestehen to confess, admit
eingreifen to intervene
die **Einheirat** marriage (into family, business)
einholen to obtain
einhüllen to envelop
einig mit in agreement with
die **Einkünfte** income, rents
einlegen to put in (a word)
einmalig unique
die **Einnahme** takings
einräumen to concede, grant
einrichten to furnish, fit out
die **Einrichtung** furniture, fittings
einschärfen auf to impress upon
sich **einschmeicheln** to ingratiate oneself
der **Einspruch** objection, protest
einstellen to place, set up
sich **einstellen** to appear
einstig former
einträglich lucrative
eintreffen to arrive

einverstanden agreed
der **Einwand** objection
einwenden to object
einziehen to pull in, seize; to move in
einzeln single, isolated
sich **ekeln** to feel disgusted
elend miserable
das **Elend** misery
das **Elendsviertel** slums
empfangen to receive
empfehlen to recommend
sich **empfehlen** to take one's leave
die **Empfehlung** recommendation
sich **emporarbeiten** to work one's way up
endgültig final
entgehen to escape notice
enthaupten to decapitate
entlarven to unmask, expose
sich **entledigen** to remove
entnehmen to take from, gather from
entrichten to pay
die **Entschlossenheit** determination
entschlüpfen to slip out
entschwinden to vanish
das **Entsetzen** horror, dismay
entsprechend suitable, appropriate
enttäuscht disappointed
die **Enttäuschung** disappointment

sich **ereignen** to happen, take
            place
      ereilen to overtake
      erfahren to learn; to
            experience
die **Erfahrung** experience
      erfreulich pleasant,
            gratifying
      ergeben devoted
sich **erkundigen** to inquire
das **Erlebnis** experience
      erledigen to deal with,
            settle
      erleichtert relieved
die **Erleichterung** relief
      erleuchtet illustrious
      ermutigen to encourage
      ernähren to feed
der **Eroberer** conqueror
      erpressen to blackmail
      erquicken to refresh
      erreichen to achieve (an
            aim)
die **Erschleichung**
            obtainment by
            devious means
      erschöpfen to exhaust
die **Erschöpfung** exhaustion
      erschrocken frightened,
            startled
das **Ersparte** savings
      erstarren to grow stiff,
            become rigid
      ersuchen to request
      erwartungsvoll
            expectant
      erwehren to ward off,
            fend off
      erweisen to render
            (service)

sich **erweisen** to prove to be
      erwischen to catch
der **Eßnapf** food-bowl
      extra on purpose

der **Falke** falcon, hawk
            (fig.)
zu **Fall bringen** to thwart
      fällig due
      fälschen to forge
      fälschlicherweise
            wrongly, by mistake
die **Faust**, fist; **auf eigene
            Faust** off one's own
            bat
der **Faustschlag** punch
die **Feindschaft** enmity
      feinfühlig sensitive,
            tactful
      fesseln to chain; to grip,
            fascinate
      feststellen to establish
die **Festung** fort
der **Fetzen** scrap of cloth,
            rag
      feucht damp
die **Finsternis** darkness
      fix quick, lively
der **Fladen** cake
der **Fleck** spot, plot
            (ground)
      flott smart
      flüchtig brief, fleeting
der **Flügel** wing
      flüstern to whisper
die **Flut** flood
die **Folge** consequence
      fordern to demand
die **Forderung** demand
das **Formular** form

fortfahren to continue

sich **fortscheren** to clear off (coll.)

fortsetzen to continue

fraglich doubtful, in question

frappierend remarkable, striking

freilich certainly, sure

fressen (frißt) to eat, feed on

der **Friedensrichter** justice of the peace

die **Fuchsfalle** fox-trap

der **Fürsorgeverein** welfare committee

der **Fürsprecher** advocate

der **Fußstapfen** foot-print

die **Gangart** gait

die **Gastfreundlichkeit** hospitality

die **Gastgeberin** hostess

der **Gasthof** inn, boarding-house

die **Gastlichkeit** hospitality

der **Gaul** horse, nag

der **Gauner** rogue, scoundrel

das **Gebot** commandment, precept

die **Gebrauchsgegenstände** essential belongings

gebrechen to lack

gedämpft in a low voice

gedeihen to thrive, prosper

gedenken to remember, think of

die **Geduld** patience

sich **gedulden** to be patient

die **Gefahr** danger

den **Gefallen tun** to be so kind as to

die **Gefälligkeit** favour

das **Gefängnis** prison

gefaßt auf prepared for

die **Gefühlsduselei** sentimental nonsense

der **Gegendienst** favour in return

die **Gegenforderung** counterdemand

der **Gegensatz** contrast

gegenseitig mutual, reciprocal

geheim secret

geheimnisvoll mysterious

das **Gehetze** backbiting, nagging

gehetzt harassed

gehören to belong

der **Geier** vulture

der **Geist** spirit

geistesabwesend absent-minded

geizig mean, miserly

das **Gelaß** small dark room

der **Geldbeutel** purse

die **Gelegenheit** opportunity

das **Gelenk** joint

gelingen to succeed

gelten to be valid; **gelten als** to be regarded as

geltend machen to assert, urge

gemächlich leisurely, comfortably

gemeinhin generally
das Gemüse vegetables
gemütlich cosy
genau exact
genießen to enjoy
das Genick neck
genügen to be sufficient; to satisfy
genügsam undemanding
gerade just
geraten in to get into
das Gerät piece of equipment
die Gerechtigkeit justice, righteousness
das Gerede gossip, talk
das Gericht court of justice; judgement
der Gerichtshof court, judges
das Gerichtslokal courtroom
der Gerichtstermin date of a trial, hearing
gering trivial, small
der Geruch smell
das Gerucht rumour
die Geschäftsfrau business-woman
geschickt skilful
geschunden over-worked, harassed
ins Gesicht schauen to face up to
das Gesindel riff-raff, rabble
die Gesinnung attitude, way of thinking
gut gesinnt well-intentioned
das Geständnis confession
gestatten to allow
gestehen to confess

das Gestirn star, constellation
das Gesträuch bushes
gestreng strict, stern
die Gewähr guarantee, security
gewähren to grant, afford
die Gewalt force
gewalttätig violent
das Gewerbe trade, craft
die Gier greed, lust
gierig greedy
der Gipfel peak, height, limit
das Gitter bars, trellis
der Gläubiger creditor
gleichen to resemble
die Gleichgültigkeit indifference
gleichmütig calm, composed
das Gleichnis parable, allegory
glotzen to gape
Euer Gnaden Your Grace
die Gosse gutter
der Grasbüschel tuft of grass
die Gratifikation bonus
der Greis old man; die Greisin old lady
die Grenze boundary, limit
der Griff grip, clutches
grinsen to grin
der Grund reason
der Grundstock foundation
gründen to found
gründlich totally
günstig favourable
die Güte goodness

das **Hab und Gut** worldly possessions

die **Habseligkeiten** belongings

der **Hahnenschrei** cock-crow

der **Hals** neck

der **Halsabschneider** cutthroat, shark

der **Halt** support (fig.)

die **Haltung** manner; composure

der **Halunke** rogue, scoundrel

sich **handeln um** to be a matter of, concern

die **Handelskammer** chamber of commerce

der **Handwerker** skilled worker, craftsman

das **Handwerkzeug** tools

hartgekocht hard-baked, tough (person)

häßlich ugly

der **Haufen** pile, large number

das **Häuflein** little crowd

die **Hauptsache** main thing

der **Hausrat** household goods

die **Haut** skin

der **Hebeldruck** flick of a lever

heimlich secret

heimsuchen to haunt, afflict

die **Heiratsannonce** announcement of marriage

das **Heiratsversprechen** promise of marriage

heiser hoarsely

heißen to be called; to bid (welcome); to mean

heiter cheerful

hell light-coloured

hellicht broad (daylight), sheer

die **Herabminderung** lessening, reduction

herausrücken to hand over

herausschlagen to make (money).

sich **herausstellen** to turn out, prove (to be)

hereinlegen to take in, take for a ride

hereinplatzen to come bursting in

herrisch domineering

herrschen to rule, prevail

herstammen to come from

sich **herumtreiben** to hang around; to gad about

heuchlerisch hypocritically

hinausschieben to postpone

hineinleuchten to throw light (on)

hinken to limp

hinschleichen to creep about

hinschmeißen to fling down

der **Hintern** backside, behind

hinweisen auf to point to, indicate

hinzufügen to add

die **Hirse** millet

der **Hirsefladen** millet cake

hochgestellt high-ranking, important

hocken to squat, crouch

der **Hof** yard, courtyard

der **Hundekäfig** dog cage, kennel

husten to cough

die **Hut** guard, keeping

immerhin after all, all the same

imstande sein to be in a position to

innehalten to pause, stop

inspizieren to inspect

instandsetzen to repair, get into working order

das **Invalidenheim** home for the disabled

sich **irren** to be wrong

der **Irrtum** mistake

das **Jahrzehnt** decade

der **Jammer** misery; **es ist ein Jammer,** it's deplorable

die **Kammer** small room

das **Kanalrohr** sewerage pipe

kaputt all in

der **Karrengaul** old nag

der **Kehrichteimer** rubbish bin

die **Kehrichttonne** rubbish bin

zur **Kenntnis nehmen** to take note

keusch chaste

der **Kies** gravel

der **Kindesentführer** kidnapper

die **Kirsche** cherry

das **Kistchen** little box

das **Kittchen** clink (coll.)

der **Kitzel** tickling feeling, thrill

die **Klage** complaint, lament

klatschen to clap

kleben to stick

klingen to sound

der **Knecht** servant

knurren to growl

das **Kontor** office

der **Körper** body

der **Kragen** collar

der **Kranich** crane

kreisen to circle

krumm crooked

kühn bold

sich **kümmern um** to look after, be concerned about

der **Kunde** customer, client

die **Kupfermünze** copper coin

das **Kuvert** envelope

lächerlich ridiculous

der **Ladeninhaber** shop-keeper

der **Ladentisch** shop counter

die **Lage** situation, position
das **Lager** bed
lahm lame
langen nach to reach for
die **Last** load, burden
laufend continually
den **Laufpaß bekommen** to get one's marching orders
die **Laune** mood, whim
läutern to purify
der **Lebenswandel** way of life
lechzen to be parched with thirst
lediglich merely
die **Lefze** lip (of animal)
der **Leib** body
leibhaftig real
leiblich natural, blood (relative)
leichtfertig thoughtless, easy-going, frivolous
der **Leichtsinn** foolishness, thoughtlessness
leichtsinnig frivolous
das **Leid** suffering
die **Leidenschaft** passion
leider unfortunately
leihen to lend
das **Leinen** linen
sich **leisten** to allow oneself
leugnen to deny
der **Leumund** reputation, name
die **Liebkosung** caress
löchrig full of holes
locken to lure, tempt
der **Lohn** pay, wages

die **Lohnauszahlung** payment of wages
das **Lokal** place
das **Los** lot, fate
die **Lösung** solution
loswerden to get rid of
die **Lücke** gap
die **Lüge** lie
lügen to lie
der **Lump** rogue
das **Lumpenpack** rabble
lumpig shabby, tattered

der **Magen** stomach
der **Mangel** lack, want
die **Manieren** manners
mannigfaltig diverse, varied
die **Mappe** brief-case
das **Maß** measure
der **Maßbecher** measuring cup
die **Maßnahme** measure
matt dull
das **Maul** mouth, trap (coll.)
maulen to moan, sulk
der **Melonenhut** bowler-hat
der **Meineid** perjury
die **Menschlichkeit** humanity
merkwürdig strange, remarkable
messen to measure
die **Miene** look, expression
die **Miete** rent
mißdeuten to misinterpret
die **Missetat** crime
mißmutig discontented, disgruntled

mißtrauisch suspicious

das **Mißverständnis** misunderstanding

das **Mitleid** pity

die **Mitteilung** information

die **Mittel** means, resources

mitunter from time to time

der **Mörder** murderer

die **Morgendämmerung** dawn

mühselig difficult, toilsome

der **Mülleimer** rubbish-bin

mürrisch grumpy

mustern to scrutinize

die **Nachbarschaft** neighbours

die **Nachforschung** investigation

nachfragen to enquire

nachgehen to pursue, follow up

nachkommen to comply with, meet (demands)

die **Nachlässigkeit** negligence, carelessness

die **Nachsicht** leniency, forbearance

die **Nächstenliebe** brotherly love, charity

das **Nachtlager** place for the night, lodging

nach und nach gradually

nackicht naked, starkers (coll.)

die **Näherin** seamstress

nähertreten to give full consideration to

namhaft famous;

namhaft machen to identify

nämlich in fact

naß wet

die **Närrin** fool

das **Nebenzimmer** adjoining room

die **Neigung** inclination, liking

neugierig curious

der **Nichtsnutz** good-for-nothing

niedergeschlagen dejected, downcast

sich **niederlassen** to settle down, move in

der **Notfall** emergency

nötig haben to need

notwendig necessary

nunmehr from now on

der **Nußbaum** walnut tree

Nutzen ziehen to benefit from, make use of

das **Obdach** shelter

obdachlos homeless

die **Oberflächlichkeit** superficiality

ohnmächtig werden to faint

das **Opfer** sacrifice

opfern to sacrifice; to give up, go without

ordentlich proper, respectable

ordinär common, vulgar

packen to grip, enthral

passen to suit, fit
das **Pech** pitch; bad luck
der **Peiniger** tormentor
pfeifen to whistle
der **Pfirsich** peach
die **Pflaume** plum
pflegen to care for; to be accustomed to
die **Pflicht** duty
pflichteifrig zealous
der **Platzregen** downpour
plump clumsy, crude
preisen to praise, extol
die **Probezeit** trial period
probieren to try, have a go
der **Prokurist** chief clerk
die **Prostituierte** prostitute
prüfen to examine, check
prügeln to beat

das **Quartier** accommodation, lodging
quatschen to blather, talk nonsense
die **Quelle** source, foundation
quietschen to squeal, squeak

rabiat ruthless
die **Rampe** ramp, forestage (theatre)
der **Rand** edge, brink
der **Rat** piece of advice; **Rat schaffen** to show what is to be done
sich **raufen** to scrap, fight
räumen to clear, vacate

der **Rausch** intoxication
rauschen to rustle
rechtschaffen honest, upright
die **Rederei** gossip
redlich honest
regelmäßig regular
regeln to regulate, control
das **Reich** empire
das **Reisig** brushwood
reißen to snatch, seize
reizbar irritable
reizen to irritate
der **Richter** judge
der **Riegel** bolt
ringen to wrestle, fight
der **Rinnstein** gutter
roden to clear (woods)
roh rough, brutal
rücken to move, shift
der **Ruf** call, reputation
die **Rührung** emotion, feeling

der **Saal** hall
sachte softly
das **Sacktuch** handkerchief
die **Säge** saw
das **Salznäpfchen** salt-cellar
der **Sarg** coffin
saufen to drink, booze (coll.)
schäbig shabby
schaden to harm, injure
der **Schadenersatz** compensation
das **Schaff** large wooden tub
schaffen to manage, get
die **Schale** cup (for tea, etc.)

die **Schande** shame, disgrace
der **Schatten** shadow, shade
schätzen to value
das **Schaufenster** shop window
scheiden to separate, depart
scheinbar apparently
scheißen to shit (vulg.)
scheitern to fail, come to grief
sich **scheren** to scram, shove off (coll.)
schelten to scold
die **Schicklichkeit** propriety
das **Schicksal** fate
schief crooked
schieläugig cross-eyed, squint-eyed
schielen to squint, to sneak a look at
der **Schieler** person with a squint
das **Schilf** reeds
schimpfen to abuse, scold
schinden to illtreat, overwork
der **Schlachterhund** butcher's dog
der **Schlachthof** slaughterhouse
das **Schlachtschiff** battleship
schlaftrunken half asleep
der **Schlamm** mud
schleifen to drag
schlendern to stroll
schleppen to drag
schleunigst straight away

schlimm bad
die **Schlinge** sling
schluchzen to sob
der **Schluck** gulp, sip
schlurfen to shuffle
die **Schmach** shame, humiliation
die **Schmähung** abuse
der **Schmarotzer** sponger
schmeichelhaft flattering
schmeißen to chuck
schmutzig dirty
schnaufen to wheeze, puff and pant
die **Schnepfe** silly cow (slang)
schonen to go easy on, spare
schöpfen to draw (water)
der **Schreiner** carpenter
der **Schrieb** missive
Schriftliches something in writing
das **Schriftzeichen** letter, character
schröpfen to fleece (coll.)
der **Schuft** rogue
schuften to slave away
die **Schuld** guilt, debt
schulden to owe
schuld sein to be to blame, at fault
der **Schutthaufen** pile of rubble
schützen to protect
der **Schützling** protégé, charge
die **Schwäche** weakness

der **Schwager** brother-in-law
die **Schwägerin** sister-in-law
schwanger pregnant
schwanken to waver, totter, hesitate
schweben to hang, hover
die **Schwelle** threshold
der **Schwindel** dizziness; swindle
schwindeln to feel dizzy
schwindlig dizzy
die **Schwitzbude** sweat-shop
schwitzen to sweat
der **Schwur** oath
die **Sehnsucht** longing
die **Seifenvorräte** soap stocks
der **Selbstmörder** suicide
der **Seufzer** sigh
sieden to boil, seethe
siegen to win, be victorious
die **Sinnlichkeit** sensuality
die **Sitzung** meeting, session
der **Smoking** dinner-jacket
sonstwohin somewhere else
die **Sorge** care, worry
sich **Sorge machen** to worry
sich **sorgen um** to worry about
soufflieren to prompt
die **Speisung** feeding
die **Spinne** spider
spüren to feel, trace
der **Stab** rod, bar
das **Standbild** statue
starr rigid, fixed
stattfinden to take place

der **Staub** dust
staubig dusty
der **Staudamm** dam
steif stiff
die **Stellagen** racks, shelves
das **Stelldichein** rendezvous
stellungslos unemployed
der **Stempel** postmark
die **Steuer** tax
steuern to control, manage, check
im **Stich lassen** to leave in the lurch
stimmen to be right, true
die **Stimmung** mood, atmosphere
der **Stockfisch** dull person, 'cabbage'
stolpern to stumble
stolzieren to strut
stören to disturb
störrisch stubborn
die **Strafe** punishment
das **Streben** striving
streichen to delete, cancel
der **Streit** argument, quarrel
streng strict, stern
der **Strick** rope, cord
der **Strohhalm** straw
stündlich every hour
stürzen to fling, hurl
die **Stütze** support, help

die **Tapferkeit** bravery
der **Tatbestand** facts of the matter
tatsächlich actually, in fact

tätscheln to pat, stroke
tauschen to exchange
täuschen to deceive
teilhaftig werden to be
   blessed with, share
   in
teilnehmen to take part
   in
der Teint complexion
der Teppich carpet
der Teppichhändler carpet
   dealer
die Teuerung inflation,
   rising prices
die Tiefe depths
toben to rage, fume
der Todfeind mortal enemy
die Todsünde deadly sin
sich trauen to dare, venture
treffen to strike, be a
   good likeness
   (picture)
treiben to drive
treten to kick
die Treue loyalty
triefen to be dripping
   wet
triftig convincing, valid
der Tropfen drop
trostlos miserable,
   wretched
trotzen to defy
trüb dull
die Tugend virtue
der Tübalken doorpost
die Türschwelle threshold
die Tüte paper bag

übel bad
übelnehmen to take
   amiss, badly

das Überbleibsel remains,
   leftover
der Übereifer overeagerness,
   overzealousness
überführen to convict
übergeben to hand over
übergeschnappt crazy,
   cracked
überlaufen to overrun,
   inundate
überlegen to think
   about, consider
die Überraschung surprise
überrennen to
   overwhelm
die Überschwemmung flood
überspülen to wash
   down
die Übertreibung
   exaggeration
überzeugen to convince
üblich usual
übrig left over, spare
übrigens incidentally,
   besides
sich umdrehen to turn round
der Umfang circumference
umkippen to upset, turn
   over
umkommen to be killed,
   perish
umsein to be over
der Umsatz turnover
umsichtig prudent
umsonst free, for
   nothing
der Umstand circumstance
umstoßen to overturn,
   upset
umtauschen to exchange
die Unbarmherzigkeit

mercilessness, cruelty

unbedingt absolute, definite

unbegrenzt unlimited, boundless

unbegreiflich incomprehensible

unbemittelt without means, poor

unbesorgt unconcerned

unbeweglich immovable

unbewohnbar uninhabitable

die **Unbilligkeit** injustice

die **Unentschlossenheit** indecision

unerträglich unbearable, intolerable

die **Ungelegenheit** inconvenience, trouble

das **Ungemach** hardship, trouble

die **Ungeschicklichkeit** clumsiness, awkwardness

ungeziemend unseemly, improper

ungnädig unkind, harsh

unheilvoll disastrous, harmful

der **Unmensch** monster

unschlüssig undecided

unsereins people like us

unseretweg on our behalf

der **Unsinn** nonsense

die **Untat** atrocity, outrage

unterbrechen interrupt

unterbringen to accommodate, put up

untergehen to perish

unterhaltsam entertaining

die **Unterhaltung** entertainment

unterkommen to find accommodation or employment

die **Unterkunft** accommodation, lodging

das **Unternehmen** business, firm, enterprise

der **Unterschied** difference

der **Unterschlupf** shelter, refuge

die **Unterschrift** signature

unterstellen to store, put under cover

untertags during the day

unterwegs on the way

sich **unterwerfen** to submit

unterzeichnen to sign

das **Untier** monster

unverkennbar unmistakable

unverzeihlich unforgivable

unvorhergesehen unexpected

unwegsam rough

das **Urteil** judgement

sich **verabschieden** to take leave of

verändert changed

veranlassen to cause, arrange

verantworten to take
responsibility for
verarbeiten to process,
treat
verbergen to hide
sich **verbeugen** to bow
das **Verbleiben** whereabouts
verbrechen to commit a
crime
verderben to be ruined,
perish
verdienen to earn,
deserve
der **Verdienst** profit;
income, earnings
sich **verdoppeln** to double
verehren to admire,
honour
die **Verehrung** admiration,
respect
die **Verehelichung** marriage
vereiteln to thwart,
frustrate
verfallen dilapidated
verfassen to write,
compose
verfault rotten
verfehlen to miss,
mistake
verfügen (über) to have
at one's disposal, be
in charge of
zur **Verfügung haben** to
have at one's
disposal
die **Verführung** temptation,
seduction
vergelten to reward,
repay
vergeuden to waste

die **Vergewaltigung** rape,
violation
verhaften to arrest
die **Verhaftung** arrest
das **Verhalten** behaviour,
attitude
das **Verhältnis** relationship,
relations
die **Verhältnisse** conditions,
circumstances
verhandeln to negotiate,
bargain with
die **Verhandlung**
negotiations,
proceedings
verhehlen to conceal
verhungern to starve
der **Verkäufer** salesman,
merchant
der **Verkehr** traffic
verkommen depraved
verlangen to demand
sich **verlassen auf** to rely on
verlegen embarrassed
verleiten to tempt, lead
astray
verletzlich vulnerable
verloben to betroth
die **Verlobung** engagement
vermeiden to avoid
die **Vermögensverhältnisse**
financial
circumstances
vermuten to assume
vermutlich presumably
die **Vernunftheirat** marriage
of convenience
vernünftig sensible
verpfänden to pledge,
offer as security

verramschen to sell off cheap, flog (coll.)

verraten to betray

verrichten to carry out, perform

verrückt crazy

versagen to fail, refuse, let down

versäumen to miss, neglect

verschaffen to provide, supply

sich **verschaffen** to get, procure

verschimmeln to go mouldy

die **Verschlagenheit** slyness, cunning

verschmachten to pine, long for

verschneiden to cut badly, spoil

verschnupft peeved

verschonen to spare

verschütten to spill

verschwinden to disappear

versetzen to move; to pawn

versichern to assure

versiegen to dry up

verständigen to inform of, notify

verstecken to hide

verstunken stinking

verteidigen to defend

die **Verteidigung** defence

verteilen to distribute

vertrauen to trust

das **Vertrauen** confidence

vertrauensvoll trusting

der **Verwalter** manager

verwandeln to change

die **Verwandtschaft** relatives

verwinden to get over

verwirrt confused

verwischen to smudge, blur

sich **verwischen** to become smudged, wiped away

verwöhnen to spoil

der **Verzicht** renunciation

verzichten auf to do without

verzweifeln to despair

die **Verzweiflung** despair

der **Vieheinkäufer** cattle-dealer

der **Viehhof** stock-yard

vielsagend meaningfully

das **Viertel** district

der **Vierzeiler** quatrain, four-line-stanza

das **Visavis** opposite

volkommen completely

vollständig entirely

die **Vorauszahlung** advance payment

vorbereiten to prepare

voreingenommen prejudiced

vorenthalten to withhold

der **Vorfall** incident

vorhanden available, existing

der **Vorhang** curtain

vorkommen to seem, appear

das **Vorkommnis** occurrence

vorläufig for the time
  being

die **Vorliebe** predilection

vorliebnehmen to put up
  with

vornehm distinguished,
  genteel, posh (coll.)

vornehmen to
  undertake, carry out

der **Vorrat** supply, stock

der **Vorsatz** intention

der **Vorschlag** suggestion

vorschlagen to suggest,
  propose

vorschweben to have
  something in mind

vorsehen to designate

vorsichtig careful

der **Vorsitzende** chairman

vorsprechen to call on

die **Vorstadt** suburb

sich **vorstellen** to introduce
  oneself

der **Vorteil** advantage

Vorteil ziehen to gain
  advantage

vorwerfen to reproach

der **Vorwurf** reproach

die **Wache** guard; police-
  station

wagen to dare

die **Wahl** choice

wählen to choose

der **Wahnsinn** madness

die **Wahrhaftigkeit**
  truthfulness

die **Wankelmütigkeit**
  fickleness

der **Wäschekorb** washing
  basket

der **Wasserverkäufer** water-
  seller

wegfegen to sweep away

wegfischen to snap up

weghökern to sell cheap

die **Wegrichtung** direction

wegschnappen to snatch
  away, carry off

sich **wehren** to defend
  oneself, put up a
  fight

die **Wehrlosigkeit**
  defencelessness

die **Weide** meadow; willow

der **Weidenast** branch of a
  willow

weigern to refuse

die **Wendung** change, turn

wetten to bet

wichtig important

die **Widerrede** contradiction

widerstreben to oppose,
  resist

die **Wiege** cradle

wimmeln von to teem
  with, swarm with

windgeschützt sheltered

der **Wink** hint

winken to wave

winzig tiny

wirken to have an
  effect; seem, appear

die **Wirtsleute** landlord and
  landlady

die **Witwe** widow

der **Witwer** widower

der **Witz** joke

wohlgenährt well-fed

wohlgestaltet well-
  shaped, well-
  proportioned

wohlig pleasant,
contented
der Wohlstand prosperity
der Wohltäter benefactor
das Wohlwollen goodwill
die Wolke cloud
die Wollust sensuality;
ecstasy
das Wunderwerk miracle
die Würde dignity
würdig dignified,
worthy
die Würgung strangulation,
throttling
die Wüste desert
die Wut rage, fury

zahlreich numerous
zahm tame
der Zahn tooth; **einem auf
den Zahn fühlen**, to
sound someone out
zart gentle
der Zauber magic, spell,
charm
zaudern to hesitate
das Zeichen sign, signal
zeitlebens all his (her)
life
zerfallen tumble-down
zerreißen to tear to
pieces
zerren to pull, tug
zerschmettern to
shatter, crush
zerstören to destroy
zertreten to tread
underfoot
zerzaust dishevelled
der Zettel slip of paper,
note

der Zeuge witness
zeugen to testify, give
evidence
die Ziehmutter foster-
mother
es zieht it is windy
das Ziel aim, goal
zittern to tremble
zögern to hesitate
der Zorn anger
zornig angry
der Zufall chance
zufällig chance
die Zuflucht shelter, refuge
der Zug feature,
characteristic;
puff (cigarette)
zugegen present
zugreifen to help
oneself; to put one's
back into it
zugrunde gehen to
perish
zukneifen to close (one's
eyes)
zulassen to permit
zumindest at least
die Zukunft future
zukünftig future
zunächst first
zunehmen to increase
zupacken to make a
grab for
das Zureden persuasion
die Zurückhaltung reserve
zurücklegen to put by
zurückschrecken to
shrink from
zusagen to appeal to,
suit; to promise,
agree

zusammenpferchen to herd together, coop up

zusammenzucken to start

zuschandenschlagen to beat black and blue

die **Zusicherung** assurance

zusperren to close, lock

zustoßen to happen

zuungunsten (gen.), to the disadvantage of

die **Zuwendung** financial contribution

zuziehen to draw, pull together; to incur

der **Zweifel** doubt

zweifelhaft doubtful

zweifeln to doubt

zweiflerisch sceptical

zwingen to force

das **Zwischenspiel** interlude